# 玉壶冰心

——馆藏玉器与鼻烟壶精品

远方出版社

**图书在版编目（C I P）数据**

玉壶冰心：馆藏玉器与鼻烟壶精品 /《玉壶冰心——馆藏玉器与鼻烟壶精品》编委会编．-- 呼和浩特：远方出版社，2018.11

ISBN 978-7-5555-1099-4

Ⅰ．①玉… Ⅱ．①玉… Ⅲ．①玉器－中国－图录②鼻烟壶－中国－图录 Ⅳ．① K876.82 ② K875.22

中国版本图书馆 CIP 数据核字 (2018) 第 238402 号

# 玉壶冰心——馆藏玉器与鼻烟壶精品

YUHUBINGXIN GUANCANG YUQI YU BIYANHU JINGPIN

编　　者　《玉壶冰心——馆藏玉器与鼻烟壶精品》编委会
责任编辑　董美鲜　张利君
责任校对　莫　一
装帧设计　潘尚贵
出版发行　远方出版社
社　　址　呼和浩特市乌兰察布东路 666 号　邮编：010010
电　　话　(0471)2236470 总编室　2236460 发行部
经　　销　新华书店
印　　刷　内蒙古久华印刷有限责任公司
开　　本　260mm × 370mm　1/8
字　　数　212 千
印　　张　27.25
版　　次　2018 年 11 月第 1 版
印　　次　2018 年 11 月第 1 次印刷
印　　数　1—2 000 册
标准书号　ISBN 978-7-5555-1099-4
定　　价　680.00 元

# 《玉壶冰心——馆藏玉器与鼻烟壶精品》编辑委员会

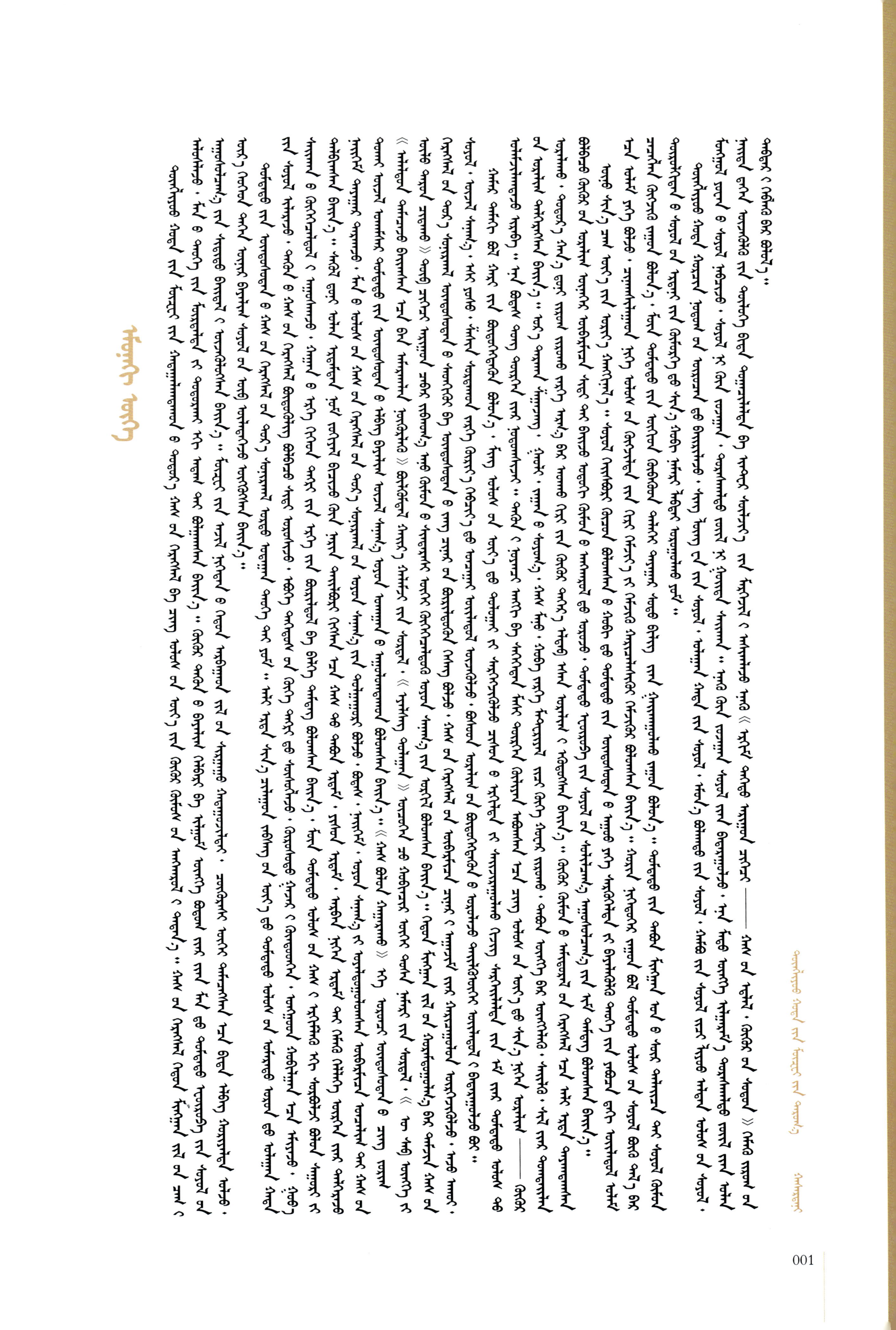

ᠡᠮᠦᠨᠡᠬᠢ ᠦᠭᠡ

# 前言

在通辽市博物馆馆藏文物中，历代玉器和清代鼻烟壶两个系列文物引人注目。玉器，以其绵延几千年的时间跨度，为我们找到一条重温历史的清晰脉络；鼻烟壶，以其丰富的造型和斑斓的色彩，让我们一睹中西文化碰撞火花的壮观。让我们欣慰的是，博物馆同仁几十年来，胼手胝足、砥砺前行，终获丰硕成果，为子孙后代留下了一笔丰厚的文化遗产。

中华民族对玉器的珍爱由来已久。早在新石器时代，中国北方大地就出现了红山文化，其玉器朴拙灵动，寓意深奥，融进了先民们对天的敬仰，对地的依恋，对神的恐惧，对美的向往，成为王权和神权的物化形式和标志，也成为中国崇玉文化传统的滥觞和奠基。后经诸子百家著书立说，精深诠释，使玉有五德、九德、十一德之说广为传播，并被全社会接受，成为我国玉器久盛不衰的精神支柱，而物质、社会、精神三合一的独特玉意识则沉淀为中华民族丰富的思想内涵。“宁为玉碎”的爱国民族气节，“化干戈为玉帛”的团结友爱风尚，“润泽以温”的无私奉献品德，“瑕不掩瑜”的清正廉洁气魄也成为人们孜孜以求的精神巅峰。经过数千年的积淀，对玉器的欣赏已成为民族心理和民族气质的一部分，玉器的特性也逐渐比附延伸，并在经济、文化、思想、伦理、宗教等领域中，充当着特殊的角色，发挥着其他艺术品所不能取代的作用。

鼻烟，本来是舶来品，是明代时作为提神醒脑、活血化瘀的防疫药品传入中国的。但它很快便本土化，被官僚阶层和知识分子所接受，于是，便在清代兴起了一门新的艺术——鼻烟壶艺术。能工巧匠们用瓷、铜、象牙、玉石、玛瑙、琥珀等材质，运用青花、五彩、雕瓷、套料、巧作、内画等技法，在这仅可盈握的壶身上，创造了包罗万象的艺术天地。虽然鼻烟早已销声匿迹，退出了人们的生活，但烟壶艺术却以独有的魅力，受到现代人的关注，成为中西文化交流融合的一个符号。

今天，新时代的号角已经吹响，文化作为软实力，在实现中华民族伟大复兴的历史进程中的作用愈来愈大，甚至成为衡量一个国家发展水平的绝对标尺。21 世纪是中国文化全面走向繁荣的世纪，是中华儿女向世界展示聪明才智的世纪。中华五千年洋洋洒洒的文化大观，必将为人类文化宝库增添新的篇章。

通辽市地处科尔沁草原腹地，深受兴隆洼文化、红山文化、南宝文化、哈民文化及辽金文化、蒙元文化的浸润，其文化之深厚，文物之精美，有目共睹。为弘扬如此深厚之文化，展示如此绚丽之文物，我们利用数字和互联网技术出版了这本《玉壶冰心——馆藏玉器与鼻烟壶精品》图录。

通辽市博物馆馆长　哈斯额尔顿

# Preface

Historical jade and Qing Dynasty's snuff bottle, the two series of cultural relics are particularly noticeable in the collection of cultural relics in Tongliao museum. The jade ,which has passed on for thousands of years, find a clear thread for us to relive the history. The snuff bottle with rich shapes and colors give us a glimpse of the spectacular cultural exchanges between China and the West. We are gratified that over the past few decades, our colleagues in the museum have worked so hard to forge ahead and reap such fruitful results. They have left behind a rich cultural heritage for future generations.

The Chinese nation has a long history of cherishing jade articles. As early as the Neolithic Age, the Hongshan culture appeared in the northern China. Their jade wares were ingenious and profound in meaning. They possess the beliefs to God, attachment to the earth, fears to spirit and yearning for beauty. Being the materialized form and symbol of royal power and theocracy, it also became the origin and foundation of Chinese jade worship cultural tradition. Later, through the works of hundreds of schools and profound interpretation, the theory of five, nine, and eleven virtues of jade was wildly disseminated and accepted by the whole society. It became the spiritual pillar of longlasting flourish of our country's jade ware culture. And the unique jade consciousness trinity of material, social and spiritual curned into the rich ideological connotation of the Chinese nation. There are so many idioms about jade in Chinese, which all praise the lofty mind, for example, the patriotic national integrity of all or nothing, the friendliness if beat swords into plowshares, the selfless of moisten everthing in silence and the honest of admit the defects. These vitues becomes the spiritual top pursuit people strive for. After thousands of years of accumulation, appreciation of jade wares have became a part of national psychology and ethos, and the characteristics of jade wares have gradually extended and played a special role in the fields of economy, culture, thought, ethics, religion and etc. It plays a role that no other art can replace.

Snuff, originally imported from abroad, was introduced into China as an antiepidemic drug in the Ming Dynasty. It can refresh one's mind, activate one's blood and remove one's blood stasis. But it was soon localized, and accepted by bureaucrats and intellectuals. So a new art of snuff bottle was born in the Qing Dynasty. Craftsmen use porcelain, copper, ivory, jade, agate, amber and other materials with underglaze Benjarong, carving, sets, skillful work, interior painting and other techniques. In this pot , which can only be grasped, they create a all-inclusive art world. Although snuff bottle has long disappeared from people's life, the art of snuff bottle, with its unique charm, has attracted the attention of modern people, and has become a symbol of cultural exchange and integration between China and the West.

In new era, as a soft power, Culture plays a more and more important role in the history of the great rejuvenation of the Chinese nation, and even becomes an absolute measure of a country's level of development. The $21^{st}$ century is the century which Chinese culture has become prosperous and the Chinese people have shown their intelligence to the world. The five thousand years of Chinese cultural spectacle will surelly add a new chapter to the treasure house of human culture. Located in the hinterland of Horqin grassland, the city of Tongliao is deeply influenced by Xinglongwa culture, Hongshan culture, Nanbaoligao culture , Ha-min culture and Liaojin culture, Mongolian and Yuan culture. The depth of it's culture, the brilliance of it's culture relics, are obvious to all. To carry forward such a profound culture, and display such splendid artifacts, we use digital and internet technology to publish this picture of *Pure and Elegance——Collection of Jade Wares and Snuff Bottles.*

*Hasselton, curator of Tongliao Museum*

# 概 论

# Introduction

东汉许慎在《说文解字》中记载："玉，石之美者，有五德。"首次提出了关于"玉"的定义，指出玉既然可以用"石之美"来形容，说明了玉和石的关系。可见，玉是从石材的自然属性派生出来的，这说明玉与一般用于制作生产工具的石料相比在材质上更加美丽。远古先民在寻找石材制作生产工具的漫长过程中，发现了一种特殊石材，它比一般石头更具备坚韧和美丽的品格，更适合制作工具和装饰品。玉石在视觉上色泽丰富，通透清澈；在听觉上敲击声清脆悦耳；在触觉上温润清凉。正是在这三种美感的作用下，原始先民用"玉"字给了它一个新的身份，从此，玉和石便分道扬镳。

《说文解字》又载："巫也，以玉事神，从玉。"根据清段玉裁注释："巫能以玉事神，故其字从玉。"古代施术者称为"巫觋"，"巫，祝也，女能事无形，以舞降神者也。……男能齐肃事神明者，在男曰觋，在女曰巫"。在象形文字中，巫是由两玉交迭而成，又像女巫挥两袖作舞形，这些，足以说明"巫"和"玉"之间的渊源关系。在原始社会，由于同无形的、不可见不可说的非确定之物打交道，从而产生了巫术、艺术和宗教，产生了最早的精神生产者和脑力劳动者，即集原始哲学家、神学家、艺术家于一身的人——萨满、术士、男巫和女巫。他们通过各种艺术性巫术活动或巫术性艺术活动，去交感、捕捉、把握事物的神秘力量和神秘属性，从而把他们控制起来，为人类造福。由此可见，在原始社会，巫觋既是原始宗教制定巫术的主宰者，又是实施巫术的参与者。他有着通神的特殊职能和特殊技艺，与神灵对话后又向民众传达神的旨意，是远古人中的特殊人物，是原始宗教权威下的领导者。玉石，之所以能够从普通石材中分化出来，被界定为"神灵之石"，不仅是因为自身的物质属性，更重要的是它是巫觋与神灵沟通的重要媒介。玉石，从自然物上升到器物之后，承载了多重文化内涵，其主要表现为：

一、祭祀。原始社会进行巫术活动，巫觋需要与神灵沟通，而沟通所用的重要器物则是玉器。玉器作为祭器，在人们的生活中具有极其重要的作用。原始先民赋予玉美丽、坚韧、润物无声的品格，认为玉器具备了通神的能力，于是玉器被赋予新的身份——玉神器。国家出现后，"玉神器"的身份转变为"王玉"，常被当作"礼器"用于帝王的祭祀活动。《周礼》中记载了以"璧""琮""圭""璋""璜""琥"等六器祭祀天地四方的用玉制度。由此可见，玉器在古代祭祀活动中占据重要的地位。

二、权力、等级、财富的象征。根据原始社会墓葬中出土玉器的种类和数量，可以推测出墓主人身份地位的尊卑贵贱。国家出现后，对玉器的佩戴和使用礼仪进行了严格的规定，并且写入典章制度，其目的是更好地维护统治阶级的礼制，维护不可逾越的森严的等级制度，最终达到王朝长治久安的目的。

三、审美装饰。玉因自身晶莹剔透、温润美丽的特性受到原始先民的喜爱，从原始社会开始，就有了以玉装饰的风俗。原始先民将玉制成各式各样的装饰品用以佩戴。从保存下来的自远古到明清的玉器中可以看出，制玉工艺的不断提升和人们审美能力的不断提高。

四、玉殓葬。夏鼐在《汉代的玉器——汉代玉器中传统的延续与变化》中认为，殓葬的玉器主要是为了保护尸体而专门制作的随葬玉器。特别引人瞩目的当属汉代的殓葬玉衣，它以完备的形制、精美的制作工艺在中国古代玉器中独树一帜。

总的来说，玉器的内涵极为丰富，它积淀了中华民族最深沉的精神追求和价值观，承载了中华民族八千多年的历史，是中华民族的专属符号。

15 世纪末，欧洲探险者第二次踏上美洲大陆后不久，便从当地土著人那里学会了吸食烟草，这个习俗和烟草一并被带回欧洲，欧洲的探险者们又通过非洲南部的好望角，经印度洋进入太平洋，来到了富饶美丽的东方。他们先是把烟草带到了今属菲律宾的吕宋岛，然后又经日本至朝鲜并最终通过这两条途径将烟草传到了中国：一是由日本、朝鲜到中国东北，即后人所称的关东烟；另一条是由吕宋岛传入中国东南沿海一带。明代张介宾《景岳全书》载："烟草自古未闻，近自我万历时出于闽、广之间，后自吴、楚地皆种之……"清代方以智在《物理小识》中称烟草为"淡巴姑"，认为是明朝万历年间传入中国的，也就在这个时候，鼻烟开始传入中国。

鼻烟，最早出现于意大利。相传很久以前，一位意大利烟草商囤积了大量的烟草。有一次，他忽然发现囤积的烟草腐烂了，发出了一股十分好闻的特殊气味。于是，他把烟草加工成烟膏，因不能口食只能用鼻子闻，遂成为鼻烟或闻烟，受到人们的欢迎。这位烟草商见有利可图，就特制了一种瓶子，将烟膏装进去出售，结果大获暴利，这是鼻烟壶的首次出现。以后人们纷纷效仿，烟膏的制作也越来越精，除烟草外还加入名贵药材和香料，用以提神、醒脑。鼻烟的发展与流行，促使鼻烟壶迅速发展起来。

根据目前的研究，我国最早出现鼻烟和鼻烟壶应在明朝万历(1573—1620)年间。清赵之谦《勇庐闲诘》记载，早在明万历二十九年(1601年)，意大利传教士利玛窦汎海来广东，旋至京师，献方物，始通中国。所献方物中即有瓶装鼻烟，由于是洋货又是初传入中国，因此只限于御用。史料记载，康熙二十三年(1684年)，康熙皇帝首次南巡时在江宁(今南京)接见了西方传教士毕嘉和汪儒望，二人把从西方带来的珍贵礼物献给康熙皇帝，其中就有鼻烟。另据康熙四十四年(1705年)成书的《香祖笔记》记载："近京师又有制为鼻烟者，云可明目，尤有辟疫之功。以玻璃为瓶贮之，瓶之形象种类不一，颜色亦具红、紫、白、黑、绿诸色。白如水晶，红如火，极可爱玩。以象齿为匙，就鼻嗅之，还纳于瓶。皆内府制造，民间亦有仿之，终不及。"此书作者为康熙朝大臣王士祯，其为顺治十五年进士，工诗词，与朱彝尊并称"南王北朱"，在康熙朝曾官至刑部尚书，因此，王士祯所记鼻烟一说显然是可靠的。而且，通过王士祯介绍得知，最早用于鼻烟壶制作的材料是多色玻璃。

中国自己制造鼻烟壶始于清代康熙初年，当时以青花瓷为主，如开片、釉里红、加紫等，形制简单，多为竹节式、直筒式等，但较之明代末年从西方进口的药瓶要进步很多。在烟壶画内容上有了一些创新，出现了诸如《寒江独钓》和《骆驼山》等装饰画，同时刻款与印款也开始出现，印款除画面正面有必要的文字说明外，一般常见的是印年款，即通常在壶底印有"XX年制"，还有的印在壶身下部。

鼻烟壶真正繁荣发展的时期是清代乾隆和嘉庆两朝，即人们所称的"乾嘉盛世"。这一时期，政治、经济、文化得到了空前发展，随之也带动了作为艺术品的鼻烟壶的发展。这时的鼻烟壶除具有实用功能外，人们更注重其审美。形制已不再是简单的直筒式了，而是出现了桃状、梨状、柿子状、扁壶状等，质地也摆脱了单一的瓷质，出现了玛瑙、玉石、翡翠、珊瑚、琥珀、水晶等。其制作工艺愈加精湛，画面以太平祥和为主，如月宫仙人等；更令人惊叹的是，出现了"诗画"画面，一些大书画家的作品被极高明地"移植"到壶面上，甚至可以以假乱真。官窑瓷器还出现了乾隆的御笔题诗，成为高官显贵们炫耀身份的器物。同治、光绪年间，鼻烟壶出现了一次大的创新，即产生了内雕(内画)艺术，它是在烟壶内壁绘制各种图案，从而达到从外观看古雅细腻、晶莹剔透的效果。关于内画的产生还有一段有趣的传说：相传清中后期，京津一带有一位没落秀才，写得一手好诗文，画得一手好画，却怀才不遇，屡试不第，穷困潦倒。可他自命清高，不愿与穷人为伍，常作贵族姿态，经常手持一只透明烟壶，里面的烟膏所剩无几，他舍不得多用，就用牙签刮烟壶内壁的烟膏。久而久之，内壁刮出了许多图案，有的像山，有的像水，有的像鸟，有的像兽，人们看了叹为观止，纷纷效仿。此虽为传说，不足凭信，但反映出人们已厌倦了造型单调，绘画呆板的烟壶，开始寻求一种更高的艺术品味。这样，内画遂成为依附于烟壶的一种精湛的艺术，各地出现了派别不同、风格各异的内画专家，内画烟壶也成为一种身份和财富的象征。

总的来说，烟壶是随着鼻烟从西方传入中国的，始于明朝，盛于清朝，是中西文化碰撞的结果。起初，烟壶仅仅是鼻烟的包装而已，但随着烟壶自身的发展，它完全摆脱了陪衬地位而成为独立存在的艺术品，其艺术价值远远超过了实用价值。尽管吸食鼻烟的传统逐渐消亡，但鼻烟壶艺术仍在传承和发展。

# 目录

## 玉器部分

## 鼻烟壶部分

### 一、玉质烟壶

## 二、瓷质烟壶



## 三、玛瑙烟壶



## 四、翡翠烟壶



## 五、料质烟壶



## 六、银质及宝石烟壶

# 玉器部分

早在新石器时代，我们的先民在与恶劣的生存环境搏斗时，被玉所具有的细腻、温润、坚韧、圣洁的特质所震撼。他们苦苦寻觅而终获一块美玉时，便用整个身心切磋琢磨，把对天的敬仰、对地的依恋、对神的恐惧、对美的向往通通融进了这些看似散漫实则精气内敛的玉器中，使其成为王权和神权的标志。后经历代创新与发展，玉器题材越加广泛，工艺越加进步，造型越加丰富，终于迎来了元明玉雕工艺的繁盛期，并在清朝晚期达到了高峰。

随着玉器制作工艺的进步，诸子百家著书立说，精深诠释，丰富了玉文化的内涵，使玉有五德、九德、十一德之说成为我国玉器久盛不衰的精神支柱，“宁为玉碎”的爱国民族气节，“化干戈为玉帛”的团结友爱风尚，“润泽以温”的无私奉献品德，“瑕不掩瑜”的清正廉洁气魄则成为人们追求的精神巅峰。

# 一、新石器时代

## 青玉环

年代　新石器时代

质地　玉

外径12.0厘米　内径6.8厘米　厚1.8厘米

玉环由青玉制成，其形状与镯相似，为圆形而中间有孔之玉器，沁色发红。

玉环，古时一般用作佩饰，流行于新石器时代至明清。新石器时代玉环的基本造型为扁平圆环状，多用白玉、黄玉等制作。整体圆整光洁，内外壁平直，有的环上对钻有小孔。《宋史·舆服志三》：「衮冕之制……小授三，结玉环三。」又：「后妃之服，小授三，间施玉环三。」《晋书·周访传》：「访大怒。敦手书释，并遗玉环玉碗，以申厚意。」因「环」与「还」同音，古人遂把它作为一种信物。据说古代逐臣待命于境，赐环则还，即得到天子送来的环，就知道将被召回，官复原职。

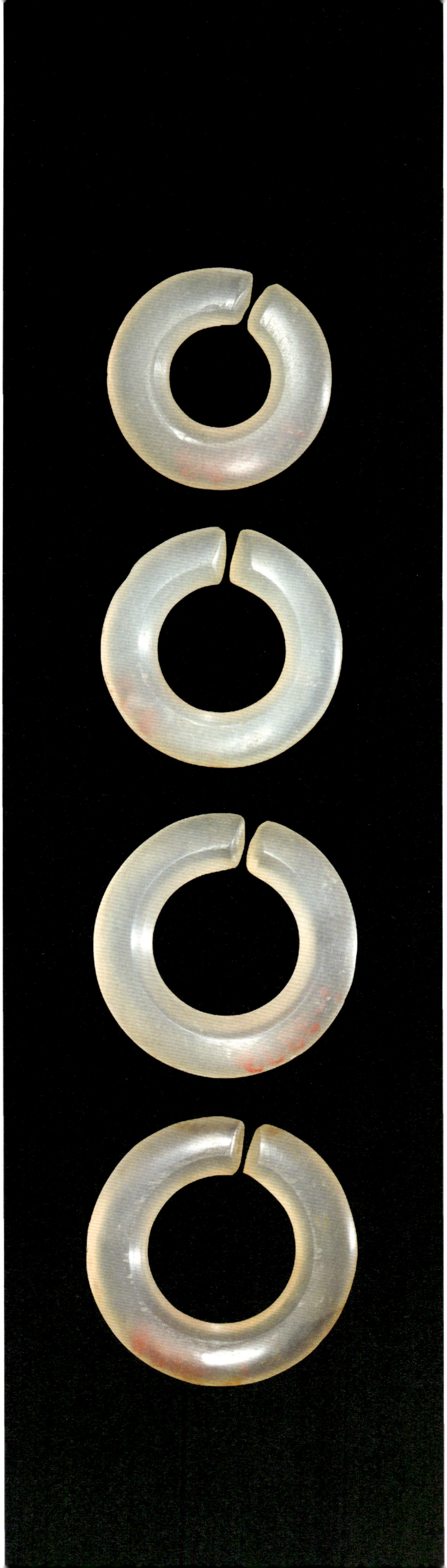

# 玛瑙玦

年代　新石器时代

质地　玛瑙

直径 4.7 厘米　内径 3.0 厘米　厚 0.54 厘米

由青白色玛瑙加工而成，形如环且有缺口，内外边缘呈楔形，两面起棱，横截面呈六棱形。玦口两端呈楔状，有切割痕。

关于玛瑙玦的用途，学界看法不一：一是作为佩饰，因出土时都在死者头部；二是作为两人之间断绝关系的凭证；三是象征佩戴者凡事果敢决断；四是作为刑罚的标志。

# 玉玦

年代　新石器时代

质地　玉

直径 5.0 厘米　厚 0.3 厘米

白玉质，圆形，有内厚外薄一缺口，通体磨光，沁色明显。关于玉玦的用途，学界看法不一：一是作为佩饰，因出土时都在死者头部；二是作为两人之间断绝关系的凭证；三是象征佩戴者凡事果敢决断；四是作为刑罚的标志。

# 勾云玉饰

年代　新石器时代
质地　玉
长 15.6 厘米　宽 6.0 厘米
厚 0.3 厘米

碧玉，透雕，呈片状，圆角长方形，中间厚，四周薄似刀刃，中部偏上有三个圆形小孔，呈三角形排列，左右两侧各伸出羽状形小凸，下侧中部排列五个整齐如兽牙的凹形凸出物。器身左上部受沁，沁斑明显呈褐色。四角勾云纹，左下方残缺一角。主体纹饰似鸮面，又像双兽相对而立。器表包浆自然，呈蜡状光泽，温润雅致。器身双面镂空雕琢，形如梳子，两面有相应的弧形凹槽纹。此器形为红山文化独有，是红山文化时期人们的装饰品。

在红山文化玉器群中，这种长方形或方圆形板状玉器非常独特。它四角弯卷如勾，中心透雕盘卷勾云纹饰，又相应磨出与纹饰对应的浅凹槽，还钻有可供佩挂的圆孔。它同红山玉龙一样，与大体同时并存的良渚文化玉器相比，带有鲜明的地方文化特色。《易经》有『飞龙在天』『云从龙』的说法，可见龙与云关系密切。在古人看来，兴云布雨，原是龙的基本习性和本能，就是因为它能够乘乎云气，无翼而飞，升天入地，独往独来，所以红山文化这种勾云纹玉饰，应该是龙的象征，或者说，是龙的变体。它同龙一样受到先民的礼拜和崇敬。

著名学者、史学博士田广林认为，此类型勾云纹玉佩属神面鸟身物，即齿状形的雕琢，实际上表达的是鸟的尾羽，只是在构图设计上被高度抽象了而已，本质上表现的是各种飞升或静止的神鸟或神鸮，其在祭祀活动中的地位作用与红山文化的玉龙可以相提并论。

## 玉斧

年代　新石器时代

质地　玉

长8.6厘米　宽4.3厘米　厚0.5厘米

玉斧由墨玉打磨而成，斧形。器身扁平，上窄下宽，柄部厚而窄，刃部宽而薄。通体打磨光滑，有使用痕迹。玉斧是新石器时代人类的生产工具和作战武器，后来发展成氏族酋长或部落联盟首领执掌王权的象征物。

## 勾形玉佩

年代　新石器时代

质地　玉

高5.8厘米　宽5.1厘米　厚0.9厘米

玉佩由浅黄绿色岫岩玉磨制而成，为红山文化典型器物。通体磨光，上端对钻一孔。上端宽，下端弯，呈勾形。

关于勾形器功用，考古界尚无定论。一般认为它是帽饰、衣饰。也有专家认为它是神权与王权的象征物及通神的灵物。

# 玉蝉

年代　新石器时代

质地　玉

长7.6厘米　宽2.8厘米　厚2.0厘米

由黄绿色岫岩玉雕成，为红山文化典型器物。呈圆柱体，形状似蝉。前端圆粗，两侧对穿一圆孔。头部双眼已磨平，略存痕迹。背部刻有三道凹槽，尾部扁平。

蝉，俗称知了，幼虫栖于土中，一般要在土中生活三至六年，靠吸食树根里的液汁生存，然后蜕变成蝉。蝉形玉器，早在新石器时代就已出现，商代至战国墓葬中常有出土，此时的玉蝉多为悬挂佩戴的装饰品。汉代以来，以蝉的羽化比喻人能重生，将玉蝉放入死者口中称作含蝉，寓精神不死，再生复活。唐朝诗人虞世南《蝉》：『垂緌饮清露，流响出疏桐。居高声自远，非是藉秋风。』将蝉的含气饮露，黍稷不享，守节守信，绝尘脱俗的品格一语道破。

八千多年来，蝉作为雕塑题材，人们对它的热爱经久不衰，并蕴含越来越多的文化内涵。

# 二、辽金时代

## 玉坐龙

年代　金代

质地　玉

高5.5厘米　宽5.1厘米

青灰玉，透雕。底座为椭圆形，有二穿系孔。座上右侧雕坐龙，龙嘴尖长，两龙角并在一起，张嘴怒目，长身卷曲，堆坐云中，龙有三爪，龙尾缠龙的后肢（俗称拐腿龙）。左侧为堆雕云芝纹，中间为缠枝纹，间饰云纹。此玉龙神态自然，造型奇特，雕刻精致逼真，为金代玉器精品。

龙是中国古代先民结合了鱼、鳄、蛇、猪、马、牛等动物并与云雾、雷电、霓虹等自然天象模糊融合而创造出的一种神物。许慎《说文解字·鱼部》曰：『龙，鳞虫之长，能幽能明，能细能巨，能短能长，春分而登天，秋分而潜渊。』据考古资料，我国迄今为止发现最早的『龙』是1994年在辽宁省阜新查海遗址发掘的一条用石块摆塑起来的龙，距今已有八千多年。而在玉器中，最早的『龙』则是出土于距今五千多年的红山文化遗址中的玉猪龙。

最初，古人把龙想象为『百虫之长』当作保护神来崇拜，赋予龙非凡的本领和神奇的力量。在奴隶社会，龙为掌管雨水的水神，受到敬奉和祭祀。到了封建社会，龙又成为专制皇权的象征，显示出至高无上的威严。随着历史的发展，龙纹造型由多元化、规范化、宗教化向艺术化发展。进入现代社会后，作为中华民族大融合的参与者和见证物，龙逐渐由神物演变为吉祥物，蕴含了『腾飞、振奋、开拓、变化』之寓意。

# 玉带饰

年代　辽代

质地　玉

跎尾长8.5厘米　宽4.4厘米　厚0.5厘米

带板长4.5厘米　宽4.0厘米　厚0.5厘米

带环长6.3厘米　宽2.7厘米　厚0.9厘米

带饰由青白色软玉抛光而成，素面，四周刻边框，背面有缀孔。由两个玉带环、两个玉铊尾、九块方形玉带板共十三块组成。

玉带，出现于唐代，是镶钉有玉饰片的革带。镶在带末端的圆首矩形玉片叫『铊尾』，镶在带身的圆首矩形玉片叫『带銙』。有的銙四周抹圆，有的开有孔或附有环，供悬物之用。玉带有单根的，也有前后各一根的，即有两个铊尾，两个带扣。在宋辽金元四代，玉带在玉器中占较大比重，到了明代就不再使用了。

# 青龙白虎透雕玉饰

年代 金代

质地 玉

长8.2厘米 宽3.6厘米 厚1.3厘米

由青玉、白玉透雕而成，青龙白虎，界限清晰。青龙头大身细，犄角粗长，口眼鼻传神。白虎作张嘴状，气势逼人。青龙，原为中国神话中的东方之神，二十八宿的东方七宿（角、亢、氐、房、心、尾、箕），其形像龙，位于东方，属木，色青，总称青龙，又名苍龙；白虎，原为中国神话中的西方之神，二十八宿的西方七宿（奎、娄、胃、昴、毕、觜、参），其形像虎，位于西方，属金，色白，总称白虎。

青龙、白虎源于古代中国人的星神崇拜，意为护卫之神，可保平安。

# 玉蹀躞带

年代　辽代

质地　玉

带扣长 4.2 厘米　宽 3.6 厘米

带环长 3.0 厘米　宽 1.4 厘米

半圆形带扣长 3.2 厘米　宽 1.8 厘米

圭形饰长 3.5 厘米　宽 1.5 厘米

跎尾长 5.5 厘米　宽 2.2 厘米

桃形饰长 2.0 厘米　宽 1.8 厘米

月牙形饰长 1.6 厘米　宽 1.2 厘米

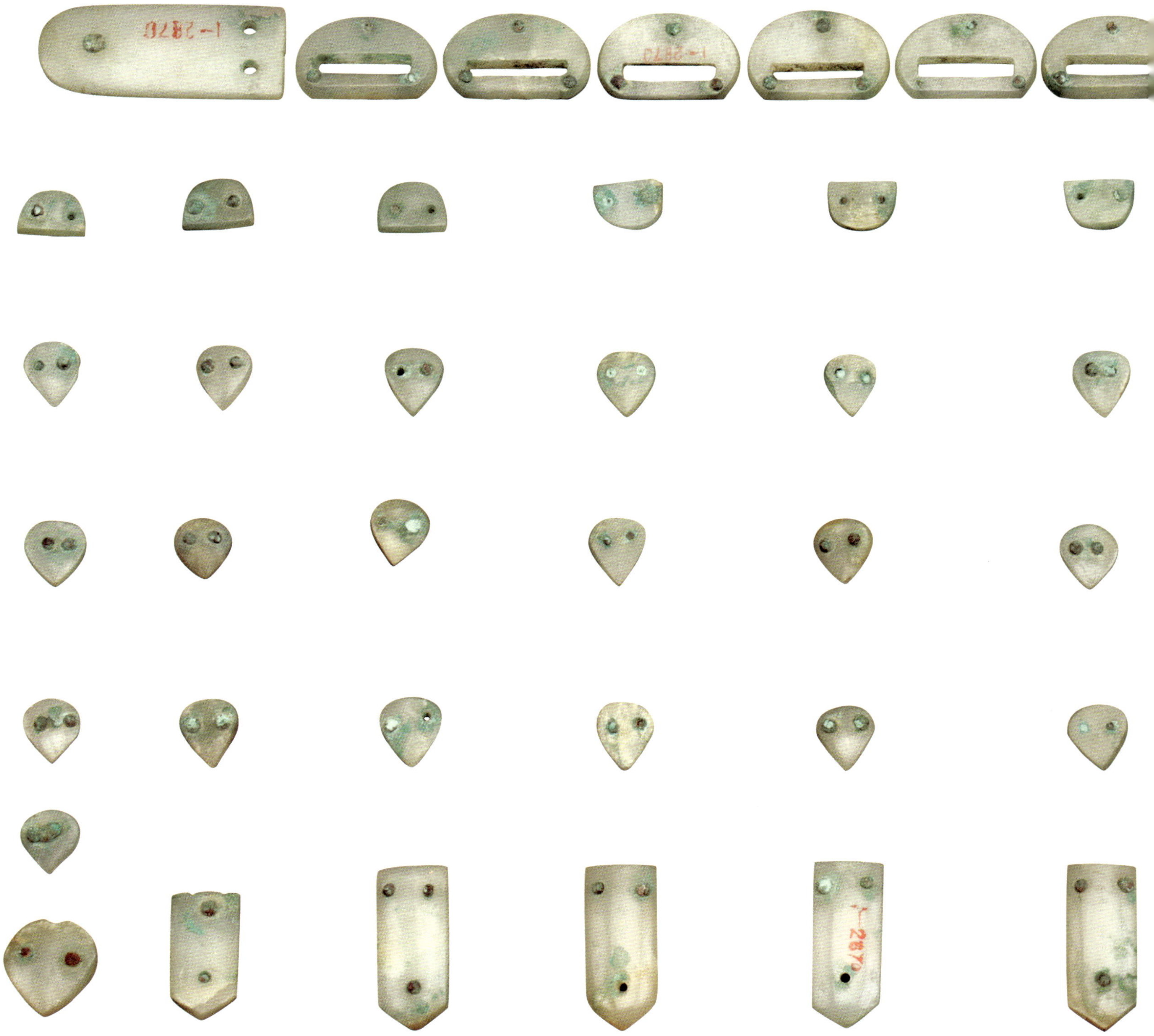

蹀躞带饰由七十六块青白玉组成制成，素面磨光。包括带扣、带銙、带环、铊尾；形状有圭形、桃形、月牙形等；每块玉饰背面有两至三个小缀孔。

蹀躞带是指带蹀躞的腰带，蹀躞是指从腰带带銙穿孔引出的小带。据记载，蹀躞带最早盛行于我国古代北方少数民族，后由胡人骑士传入内地。带间有带环，用作佩挂弓、剑、帉帨、算囊、刀、砺石等随身应用的物件。唐代开始，玉带成为礼仪用具，并以带上的装饰品质地和数量区别官品等级，规定文武三品官以上佩玉带。辽代沿用唐代制度，因此玉带的形制与唐相同。

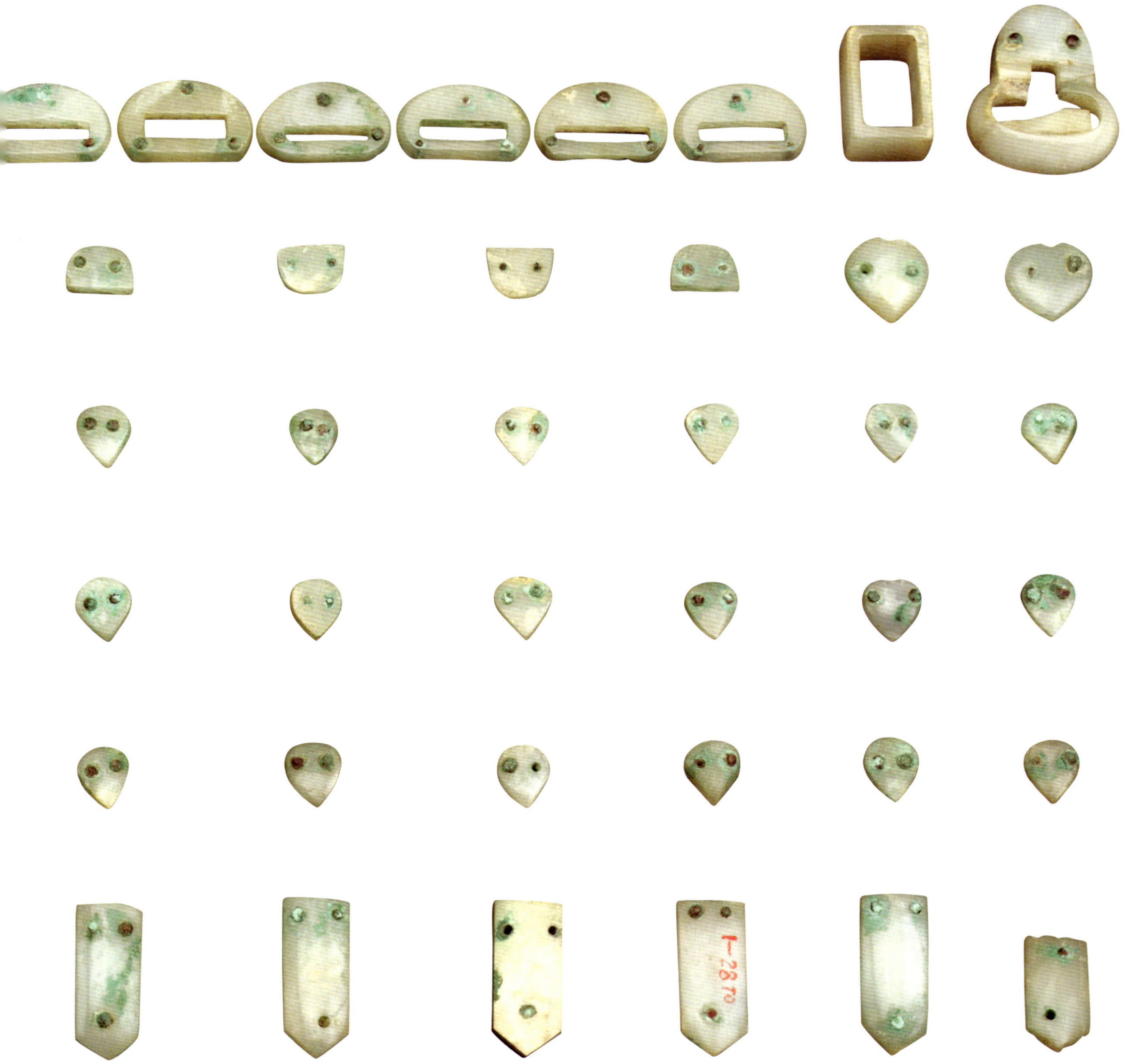

# 三、元代

## 透雕白玉牡丹孔雀纹带扣饰

年代　元代

质地　玉

长8.9厘米　宽3.6厘米　厚1.9厘米

带扣饰用白玉透雕而成，长方形，四角椭圆。玉质温润，雕工细腻，造型生动，立体感强，设计巧妙，层次分明，局部见沁色。玉面为孔雀，头部微昂，回首观望牡丹花丛。牡丹花绚丽开放，水草与茎蔓交错缠绕。背面有一环形底托。

孔雀为古代传说中『凤凰』的化身，备受中国人尊崇。由于孔雀见到漂亮女子时会翩翩起舞，因此成为『美』的化身。民间将孔雀羽毛插在花瓶里，用来祈求平安、富贵、吉祥。牡丹被誉为『万花之王』，花大色美，雍容华贵，是富贵和美满的象征。孔雀与牡丹相配，象征美丽、美满的爱情。此带扣寓意家庭幸福、富贵、吉祥、喜庆。

# 透雕莲鹅纹铜托带钩

年代　元代
质地　玉
长 10.2 厘米　宽 4.8 厘米　厚 1.6 厘米

铜托带钩以『春水』图案为主题，青玉，透雕，椭圆形，银鎏金底托。玉面为天鹅昂首于荷花纹中，荷花盛开，水草与茎蔓交错缠绕。透雕圆润，造型逼真，局部见沁色，背面有挂扣。

古人佩系的革带多以生革为主，主要用于系佩组绶、印章、囊、刀剑等。因革带硬而厚无法系结，便借助带头扣联，带头通常被制成钩状，称为带钩。带钩质地有金、银、铜、铁、玉、石等，玉质带钩是其中较为珍贵的一种。

元代玉雕工艺，秉承辽金写意的奔放与宋代写实的细腻传统，并融汇西域琢玉工艺，形成了自身的特色。特别是『多层镂雕』技法，层次明了多变，其玲珑剔透非宋金可比。

# 透雕蟠螭纹镶铜玉带扣

年代　元代

质地　玉

长8.7厘米　宽7.6厘米　厚2.7厘米

玉带扣由青白玉雕刻而成，椭圆形，紫铜底托上是通体透雕的螭龙，形态逼真。玉面左侧为螭龙纹，右边荷花与水草纹相衬，外沿连珠纹凸雕，二十八个珠纹相连，局部见沁色。

螭是古代传说中的一种动物，无固定式样。有关螭的记述始于战国，其来历有的说是『龙子』，有的说是『雌龙』，其名称有蟠螭、螭虎、螭龙等多种。战国时，玉器上开始出现螭的形象，此后汉、魏、元、明、清一直延续，唯唐、宋略少。

在古代玉带扣多用于连接衣服，其作用与现代的『皮带扣』类似，但它同时也是身份的象征，只有贵族才能使用。

# 卧马玉带钩

年代 元代

质地 玉

长9.7厘米 宽6.0厘米 厚2.0厘米

由黄玉浮雕加线雕制成。正面马跪腿侧卧，回头侧面，马尾前甩，马背上俯卧一只猴子，猴子面目清晰。马腿和猴子浮雕，马鬃马尾线雕，背面两端各有一钮。整体图案的寓意为马上封侯，『马上』就是即刻，『封侯』指被封为侯爵。马上封侯，意思是即刻就要受封爵位。带钩纹饰以马、蜂和猴组成，并运用『蜂』与『封』，『猴』与『侯』同音和隐喻等手法，以示寓意。

# 透雕春水玉饰

年代 元代

质地 玉

长8.0厘米 宽6.8厘米 厚1.1厘米

玉质白中泛青色，通体润泽无瑕，椭圆形，正面微呈弧凸。采用多层镂空透雕和阴刻纹线工艺结合琢成。主体图案为一只笨拙的天鹅躲藏在荷花丛中，一只体态矫健的海东青由高空向下俯冲天鹅，作追逐猎捕之状。两鸟体量的小与大、姿态的巧与拙、动作的追与躲形成鲜明对比，营造出生动的意境。

表现辽金皇帝春天里用海东青鹘捕鹅雁狩猎活动的玉雕作品称为『春水玉』。表现辽金皇帝秋季到北方山林中射猎虎鹿熊等动物景象的玉雕作品称为『秋山玉』。此件是春水题材。

春水、秋山玉名称源于契丹、女真的『四时捺钵』习俗。捺钵，契丹语，意为四时游猎、避暑消寒、暂时游幸的场所。辽、金、元时期，在我国北方草原上，居住着契丹、女真、蒙古等少数民族，他们以游牧、狩猎、渔猎等生活方式为主，并随季节变化逐水草而居，于是，从辽代开始就形成了契丹贵族春、夏、秋、冬『四时捺钵』的习俗。女真灭辽后，建立金朝，继承了契丹遗俗，只是与契丹人以游牧为主的生活方式不同，他们不仅狩猎还从事农耕，因此将『四时捺钵』改为春秋两季的捕猎活动，即『春水』『秋山』活动。

春水、秋山玉最早出现于金代，海东青啄天鹅、群鹿山林是典型图案。到了元代，春水玉的主要图案除了保留传统的海东青啄天鹅题材外，还增加了荷莲、芦苇、水草、水波纹等辅助图案。

春水、秋山玉虽然都反映了北方民族弋猎的场景，但艺术表现形式不尽相同，春水玉画面紧张激烈，惊心动魄，秋山玉画面则恬淡宁静，和谐自然。

# 银镶玉蟠螭纹带扣

年代　元代

质地　玉

长 8.3 厘米　宽 4.4 厘米　厚 1.8 厘米

带扣由青白玉透雕而成，长方形，圆角，玉面为蟠螭纹，间饰水草纹和如意纹。底托为铜质，银镶边。底托背面有圆形钮。

蟠螭纹的『蟠』指『盘曲而伏』『螭』是中国古代神话中龙的子孙。『螭龙』寓意美好吉祥和男女相爱，如意纹则寓意称心如意。此带扣应有『吉祥如意』寓意。

# 玉龙头杖首

年代 元代

质地 玉

长 10.7 厘米 宽 2.8 厘米 直径 2.4 厘米

由黄玉雕刻而成。杖首中心为圆形钻孔，钻孔两端各圆雕一龙头，龙头作张嘴状，牙齿、眼、眉、鼻清晰可辨。龙是中国古代神话传说中的神异动物，为鳞虫之长，常用来象征祥瑞，此龙头杖首则是权力的象征。

# 透雕鱼龙纹玉牌饰

年代　元代
质地　玉
长6.2厘米　宽5.7厘米　高0.7厘米　厚0.7厘米

牌饰由青玉透雕而成，长方形，双翼鱼龙纹。龙首鱼尾，长颈细吻，须发上扬，腾跃云中。

鱼化龙，即龙头鱼身的龙，是『中国龙』的一种。这种『龙鱼互变』的形式历史悠久，可追溯到史前仰韶文化—半坡类型时期的鱼图腾崇拜，后来逐渐演变成如此模样。鱼化为龙，古喻金榜题名。《封氏闻见记》卷二：『故当代以进士登科为登龙门。』李白《与韩荆州书》：『一登龙门，便声价百倍。』明代高明《琵琶记·南浦嘱别》：『孩儿出去在今日中，爹爹妈妈来相送，但愿得鱼化龙，青云直上。』此牌饰以鱼、龙组成鱼化龙，寓意高升昌盛。

# 四、明清时代

## 螭龙纹玉带扣

年代 明代

质地 玉

长8.7厘米 宽2.5厘米

带扣用整块玉镂雕而成，椭圆形，银底托。正面镂雕一条盘螭龙，缠绕在如意纹和水草纹中间，局部见沁色。

带扣出现于汉代，又称『师比』『带鐍』『钩蹀』等。从结构上看，主要有环孔和舌针两部分，功用是装于带头便于解结。带扣有死舌和活舌两种，死舌固定在扣孔边上，不能活动，活舌则可以转动自如。大约从西汉始，带扣用于身体束带；到两晋时，带扣的使用逐渐形成一套完整的制度，不同规格和不同质料的带扣分别为不同阶层的人所用。唐代《新唐书·舆服志》记载：三品以上用金玉，以下分别用金、银、石、铜、铁几类。

由于宋元之际人们开始穿窄袖长袍，带扣的使用越来越多，使其逐渐流行。到了明清，带扣基本取代带钩。

# 葵耳玉盅、岁寒三友纹玉盏托

年代　清代

质地　玉

玉盅　高3.3厘米　口径3.9厘米

底径2.0厘米　把手厚0.5厘米

托盘　长12.2厘米　宽8.2厘米　厚1.3厘米

玉盅，双葵耳，葵口，弧腹，腹部阴刻水波纹，圈足；托盘，长方形，圆角，盘面浮雕梅、竹、松岁寒三友纹，中间阳刻圆圈与玉盅相扣。玉质温润，局部见沁色。

以象征常青不老的松、象征君子之道的竹和象征冰肌玉骨的梅所组成的岁寒三友，表达着清高坚贞的气节，是中国传统文化中高尚人格的象征。因此，松竹梅合成的图案也成为中国古代器物、衣物和建筑上常用的雅俗共赏的吉祥图案。

岁寒三友，自宋以后常作为瓷器的装饰题材。元青花瓷器上，有单纯描绘松竹梅的，也有加洞石芭蕉衬景的。江西波阳出土的元青花瓶和江苏丹徒窖藏出土的元青花高足杯上，均为单纯描绘，而元釉里红玉壶春瓶上则有洞石芭蕉相伴。明代瓷器所绘的松竹梅常与洞石栏杆构成庭园景致，如永乐青花松竹梅纹碗等。清代瓷所绘松竹梅纹刻意追求写实效果，如故宫博物院藏雍正青花釉里红瓶，苍松、青竹与红梅交相辉映，生意盎然，并以竹叶藏诗『竹有擎天势，苍松耐岁寒，梅花魁万卉，三友四时欢』相衬，愈发显得韵味悠长。

# 玛瑙犀牛角盖炉

年代　清代

质地　玛瑙

长11.3厘米　宽8.3厘米

香炉由炉体和炉盖组成。炉体以玛瑙为材，平口，腹部丰圆，两侧圆雕一对水鸟，立在荷花枝叶上，下为三螺纹足，精致小巧。盖由犀牛角制成，子母口，两侧透雕锯齿孔，盖钮雕水鸟挺立于中间。其荷花象征富贵，水鸟寓意吉祥，可谓花开富贵、风鸣吉祥之意。香炉整体雕工简洁流畅，造型惟妙惟肖，散发着端庄肃穆、柔美莹润的气韵。

「玛瑙」早期被书写成「马脑」，最早见于后汉安世高所译的《阿那邠邸七子经》一书。南北朝时鸠摩罗什译《妙法莲华经》称：「马脑，梵云遏湿摩揭婆」「色如马脑，故从彼名」。自佛经传入中国后，翻译人员考虑到「马脑属玉石类」，于是巧妙地译成「玛瑙」。

玛瑙自古被视为美丽、幸福、吉祥、富贵的象征，也一直被当作辟邪物、护身符使用，象征友善、爱心和希望。西周时期将玛瑙作为饰物，主要是一些直管状的珠子，加工精细。有学者认为，当时我国开采玛瑙数量有限，大多来自西域、印度、波斯、日本等地。

史载三国时期曹丕同父亲曹操北征乌桓，当地人进贡玛瑙酒杯一只，曹丕见酒杯红似飞霞，晶莹剔透，便挥笔写下《马脑勒赋》，并在序中说：『马脑，玉属也，出西域，文理交错，有似马脑，故其方人固以名之。或以系颈，或以饰勒。余有斯勒，美而赋之。』

# 翡翠香炉

年代　清代

质地　翡翠

高 129.6 厘米　宽 121.2 厘米

口径 74.3 厘米　腹径 82.8 厘米

底座高 43.2 厘米

香炉由炉盖和炉身组成。炉盖为青铜铜丝网罩，炉身为翡翠雕琢。平口沿，鼓腹，短束颈，周身雕刻仿古兽面纹，两侧雕有兽面纹双耳。炉身底有三个乳丁足承托，底座为木质。此炉造型完美大方，局部雕琢一丝不苟，既精准合度，又生动传神，为难得的清代精品翡翠炉。

翡翠，俗称硬玉，主要产于缅甸。国人自古好玉，清代时，好玉之风盛行，王公贵族、黎民百姓，皆趋之若鹜，而皇家尤其突出，大到殿堂及书房陈设，小到随身佩饰，皆喜用玉石制品。清代早中期，宫廷用玉主要为和田玉，至中晚期，和田玉开采濒临枯竭，缅甸翡翠以其充满生机的青翠与碧绿开始受到皇家重视，并迅速走进了王公贵族的审美视野，一度成为『皇家玉』的代称。

香炉文化可追溯到商周时代的『鼎』当时主要为烹煮肉食、祭祀等用途。唐代诗人李白《望庐山瀑布》描写了庐山香炉峰初日映照、紫烟氤氲、瀑布高挂、飞流奔腾的景象，展示了盛唐气象，也道出了时人对香炉的偏爱之情。佛教传入中国后，逐渐形成了儒佛道三位一体的文化主流，各地造佛修寺蔚然成风，作为祭祀礼器的香炉则被普遍使用。另外，香炉也是文人雅士的心爱之物，置于厅堂或摆于书房案头，读书时点上一炷清香，便有了『红袖添香夜读书』的美妙意境。

# 玉雕何仙姑

年代 清代
质地 玉
高 17.7 厘米

玉雕由人身和底座两部分组成。人身为和田碧玉圆雕何仙姑站立像，头顶高发髻，作沉思状。穿仙袍，披云肩，系飘带，左手持拂尘，右手举含苞荷花。底座为木质，漆咖色油漆。

何仙姑，本名何秀姑，相传生于唐武则天某年夏历三月初七，是广州增城县小楼区新桂乡以做豆腐为业的何泰之女。她自小聪明伶俐，十四岁时幸遇吕洞宾，吕洞宾给她吃了云母片，从此知人间祸福。后来父母为她找了婆家，秀姑不肯嫁人，遂投井自尽，但她未死，从与井相通的福建莆田的河里漂出来，一时传为奇案，于是就有了秀姑『登仙』的传说。

# 福寿纹翠碗

年代　清代

质地　玉

高 5.2 厘米　口径 11.2 厘米　底径 4.0 厘米

敞口，弧腹，圈足，玻璃底。口沿处刻回纹，腹部刻四只蝙蝠，间饰四个团寿，寓意多福多寿多富贵。碗身造型端庄，翠质晶莹剔透，薄如绢纸，翠色纯正均匀。雕琢工艺巧妙精湛，属王公大臣用具中的上品。

回纹最早为青铜器和陶器的装饰纹样，并无吉祥意义。明清以来，回纹广泛用于织绣、地毯、木雕、瓷器、漆器以及建筑装饰上。因其有整齐划一、绵延丰富的特点，便赋予其吉祥的寓意，即民间所谓的『富贵不断头』。

蝙蝠，传说中的长寿之物，名字又与『福』字谐音，所以作为吉祥图案纹饰出现在器物上，寓意幸福如意。

# 玉卧牛

年代　清代

质地　玉

长7.4厘米　宽3.5厘米　高3.0厘米

卧牛由整块碧玉雕磨制成，呈扭头侧卧式为摆件。牛的头、嘴、眼、鼻子和犄角用阴刻纹表现，呈立体效果。俗语云：『牛卧富贵驮宝来』牛具有招财进宝之意，所以民间常用玉牛寓意招财旺财，富贵吉祥。

# 翠灯碗

年代　清代

质地　翡翠

高 5.4 厘米　碗径 10.5 厘米

盖高 2.4 厘米　盖径 7.8 厘米

底高 3.8 厘米　底径 5.7 厘米

圈足、敞口、宽沿，覆盖。碗体与碗盖均饰弧线组成的瓜棱纹。碗盖中心有圆孔，为灯芯的出口。灯碗通体晶莹润泽，白中泛绿，做工精致，应为清代王公贵族的用品。

油灯起源于火的发现和人类照明的需要。据考古资料，至迟在春秋时期就已经有成型的灯具出现。早期的灯，类似陶制的盛食器『豆』，上盘下座，中间以柱相连，形制简单。春秋至两汉，油灯已脱离了实用功能而成为特定时代的礼器。魏晋南北朝时期，铜、铁、锡、银、玉、石、木、玻璃等新材质不断运用到油灯的制作中，使油灯的品种繁复多样。

油灯具有宫廷民间之别，宫中作品，造型考究，装饰繁复，反映主流社会的审美时尚；民间灯具，朴实无华，表现普通民众的审美爱好和功用要求。

# 螭龙透雕白玉带钩

年代　清代
质地　玉
长8.5厘米　宽3.4厘米

青白玉质，高浮雕，琵琶形。钩面雕回顾螭龙头，钩身浮雕整条雏龙，两龙头相对，寓意『望子成龙』。钩背面有一圆形钮。

带钩，又称『犀比』，源于西周。春秋时期仅出现有钩首、无钩钮的带钩。战国时期，玉带钩的器形基本确立，即由钩首、钩身和钩钮三部分组成，并普遍使用，为古代贵族或文人、武士系腰带的挂钩，也是身份的象征。多用青铜铸造，也有用黄金、白银、铁、玉等制成。西汉时期，玉带钩的钩面开始出现浅浮雕蟠螭、凤鸟等纹饰。元明清三代，玉带钩的制作数量较多，且造型优美、技艺高超，玲珑奇巧，颇有神韵，表明玉带钩已由实用性逐步转向了玩赏性。

# 穿花螭龙纹玉带扣

年代　清代

质地　玉

长9.0厘米　宽6.9厘米

椭圆形，透雕留边，有沁色。正面为螭龙、荷花，龙首从荷花从中穿出，龙身在花丛中隐现。雕刻精细，磨工精湛。此带扣采用螭龙纹和荷花纹，寓意富贵吉祥。其荷花应为芙蓉，取『蓉』与『荣』之谐音，寓意荣华富贵。

螭是古代传说中的一种龙，寓意美好、吉祥和男女的情爱。《广雅》云：『有角曰虬，无角曰螭。』；荷花又名莲花、水芙蓉等，其纹饰在玉器上应用普遍，这与荷花象征高洁的特性及多子的寓意有关，民间多用莲花的谐音，如『莲』与『连』谐音『连理』，有『喜结连理』『连生贵子』之意；『荷』与『合』谐音『和』，有『百年好合』『和合如意』之意；而莲蓬多子，比喻『多子多福』。另外，荷花线条简练鲜明，可以实写，可以抽象，可以圆雕、浮雕和阴刻，可以雕挂件、水洗、香插等，观赏性与实用性得以完美结合。

# 螭龙头玉带扣

年代 清代

质地 玉

长 5.8 厘米 宽 2.1 厘米 厚 2.5 厘米

玉带扣由青白玉雕刻而成，长方形，双层透雕，有子扣和母扣。弯形的圆柱钩头为螭龙头，带板上分别透雕对称的螭龙与灵芝。两扣相连，开合自如，琢刻精细。寓意幸福吉祥如意。

螭是古代传说中的一种无角的龙。有关螭的记述，最早始于战国，其来历，有的说是『龙子』，有的说是『雌龙』。其名称有蟠螭、螭虎、螭龙等多种。战国时玉器上开始出现螭的形象，此后的汉、魏、元、明、清一直延续，唯唐、宋略少。

玉带扣在古代多用于连接衣服，其作用与现代的『皮带扣』类似，但它同时也是身份的象征，只有贵族才能使用。

# 鸳鸯荷花纹玉带扣

年代 清代
质地 玉
长 9.4 厘米 宽 7.0 厘米 厚 0.7 厘米

带扣为青玉琢制，玉质细腻、温润，有蜡质玻璃光，局部见沁色。通体透雕，椭圆形，铜底托。工匠以写实手法，刻画了鸳鸯在水上优游嬉戏，两朵带有莲子的荷花做陪衬的『鸳鸯戏荷』图案，从而烘托出温馨的氛围。

鸳鸯为对禽，鸳为雄，鸯为雌。《古今注》：『鸟类，雌雄未尝相离，人得其一，则必思而死』，所以，鸳鸯代表坚贞的爱情；荷花代表『净土』『纯洁』。鸳鸯鸟与荷花相配，象征着纯洁坚贞的爱情。

# 绳纹白玉佩

年代 清代

质地 玉

外径 5.6 厘米 内径 3.0 厘米

厚 0.5 厘米

玉佩由羊脂玉精雕而成。造型为圆雕绳纹花环形，玉脂嫩白润心，做工精巧。两绳环绕，寓意生生不息。

羊脂玉，又称『白玉』，顾名思义，就是羊油一样的玉石，为和田玉宝石级材料，素来是爱玉之人心中的圣品。绳纹最早见于新石器时代陶器，其状如绞扭、绳结的绳索，是中国古老的装饰纹样，潇洒粗犷，蕴藏豪气。白玉配以绳纹，使玉佩具有美的张力。

古人对玉佩的热爱，不只是因为玉的贵重，更源于玉的品格。古语云：『君子无故，玉不丢身。君之与玉比德焉。』以玉的温润色泽代表仁慈，以坚韧质地象征智慧，以不伤人的棱角表示公平正义，以敲击时发出清脆舒畅的音乐展现美德。

# 银龙头翠手镯

年代　清代

质地　玉

直径 9.2 厘米　翠厚 1.1 厘米　银厚 1.5 厘米

手镯为圆柱体，环形，半透明，假镯口。其工艺为翠包银，银烧兰。银质部分浮雕双龙戏珠纹，两龙头口衔圆珠，为二龙戏珠之意。将『佩之益人生灵，纯辟邪气』的翡翠和象征神勇、尊贵、威武的龙巧妙结合，使手镯整体造型显得宽厚饱满，蕴含深刻。

手镯，亦称『钏』『手环』『臂环』等，是一种戴在手腕部位的环形装饰品。许多学者认为手镯的出现并非出自于美，而是与图腾崇拜、巫术礼仪有关。也有史学家认为，由于男性在经济生活中占有绝对的统治地位，使用戒指、手镯等饰物有拴住妇女，不让其逃跑的隐喻。隋唐至宋，妇女用镯子装饰手臂已很普遍。唐宋以后，手镯制作工艺有了很大的发展，出现了金银手镯、镶玉手镯、镶宝石手镯等。到了清代乃至民国，以金、银镶嵌的手镯盛行，并开始大量使用翡翠，款式、造型、工艺等不断改进。

## 龙凤纹青白玉紫檀笔架

年代　清代

质地　玉

笔架高6.5厘米　长9.2厘米

木雕座长13.2厘米　高3.0厘米

笔架主体由青白玉雕刻，底座用紫檀木雕刻。笔架透雕山形双龙双凤纹，两条龙在上，两只凤在下。凤头朝外，尾相挽。山峰雕琢如意纹。寓『龙凤呈祥』之意。底座为紫檀木，雕刻松、竹、梅岁寒三友纹，喻忠于友谊，常青不老。此笔架为清代文房用品的代表作。

玉器在清代得到空前发展，创造了我国古代玉器史上一个高峰，其陈设品和佩饰最多，也最为精美。清代玉器借鉴绘画、雕刻、工艺美术之成就，集阴线、阳线、镂空、俏色等多种传统工艺及历代艺术风格之大成，创造与发展了具有鲜明时代特点和较高艺术造诣的玉器工艺。文房玉器作为玉器中的一个门类，其发展最完备，且流传下来的精品也最多。

# 双耳山水纹玉杯

年代 清代
质地 玉
高 3.5 厘米
杯口径 7.2 厘米 底径 4.1 厘米
底托长 15.8 厘米 宽 8.2 厘米

玉杯分为杯身和托盘两部分。杯身为白玉雕制，双耳，平直口，口下内折，弧腹，圈足，杯外腹部阴刻山水人物纹；托盘亦为白玉雕制，荷叶形，浮雕花草纹。整体造型自然古朴，玉质温润，局部见沁色。此玉杯应是饮酒之器，堪称清代双耳山水纹玉杯的典型代表。

带有对称双耳的杯形玉器，始于唐代，明清最为多见。明代的双耳玉杯，杯身较矮，双耳多为动物形态，且仿古器为多。清代的双耳玉杯，杯腹外部多雕刻人物山水图案及螭龙纹等。清代宫廷中使用的玉托杯，除了玉材选择不同于明代外，造型与装饰风格也与明代有区别。清代的托盘厚且高，且有明显的足，盘内的装饰花纹也较复杂、厚重。

# 双耳玉杯

年代　清代

质地　玉

高 9.5 厘米　口径 6.2 厘米

底径 2.7 厘米　耳宽 1.6 厘米

白玉整体雕造，平直口，口下内折，弧腹，圈足。腹部光洁无纹饰。双耳绘枝叶花纹。玉质温润，雕工古朴。

带有对称双耳的杯形玉器，始于唐代，而明清最为多见。明代的双耳玉杯，杯身较矮，双耳多为动物形态，且仿古器为多。清代的双耳玉杯，杯腹外部多雕刻人物山水图案及螭龙纹等。双耳杯多做饮酒器，此件双耳玉杯可谓这一时期的典型酒器。

清代的瓷、金、银和玉等质地的酒器有一个明显的特点，即多仿古器。如清宫御用的双耳玉杯、龙纹玉觥、珐琅彩带托爵杯、铜彩兽耳尊、双贯耳瓷壶和天蓝釉双龙耳大瓶等，皆为清代仿古酒器。清代仿古酒器盛行，可能与康、雍、乾等三位皇帝嗜酒有关。

有清一代，作为中国文化重要分支的酒文化不断发展，作为酒文化载体的酒器亦以其固有的强势，向世人展示着不朽的艺术内涵和辉煌成就。

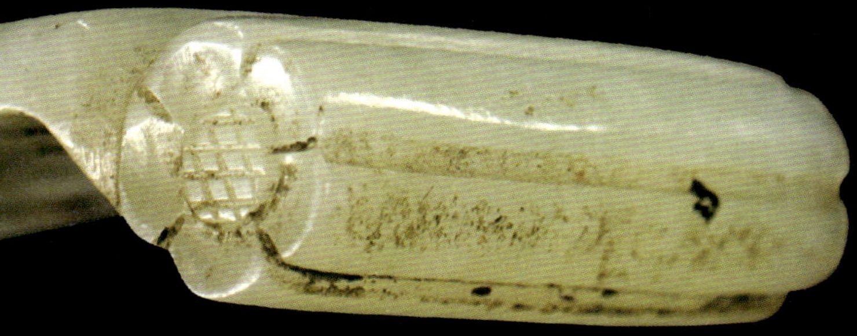

# 福寿纹透雕玉扁簪

年代 清代

质地 玉

长29.8厘米 宽2.9厘米 厚0.7厘米

扁簪由白玉雕刻而成，玉质色白，有玻璃光泽。簪体扁长形，一端为圆弧状，另一端卷边。簪体镂雕蝙蝠寿桃福寿纹饰，是以蝙蝠谐音『福』，以寿桃或团寿喻示寿，从而表达对福寿的祈盼与追求。

簪，古人插定发髻和连冠于发的用具、饰品，亦具备礼仪功用。簪，本名为『笄』，秦汉以来改称簪。簪通常由簪首(帽、头)和针状簪体组成，其中簪体有单股、双股之别，双股者又叫『钗』。簪的制作材料丰富，有竹木、牙角、玉石、琉璃、金属、陶瓷等。《后汉书·舆服志》有『黄金龙首衔白珠，鱼须擿，长一尺，为簪珥』的记载。

清代满族贵族妇女多使用玉簪，佩戴时安插于旗髻之内，不但出现了首部微翘圆弧形、主体为扁长直条形的『扁方』，且耳刀形玉簪亦广泛流行。在用料上，除传统的和田玉、岫玉外，开始大量选用翡翠。

# 玉如意

年代　清代

质地　玉

通长 43.5 厘米

头部直径 10.2 厘米　厚 0.9 厘米

柄宽 5.0 厘米　高 6.8 厘米

由整块和田白玉雕刻而成，素面，形状如长柄钩，钩头扁如贝叶。手感光滑如绸缎，视觉晶莹剔透有光泽。此玉如意为清廷赏赐给科尔沁蒙古王公之物。

如意源于一种搔痒工具，可追溯到春秋战国时期。因用其搔痒可以达到人手不及之处而尽如人意，遂得『如意』之名。如意通常一尺有余，柄曲折，头较大，回折翘起，多用金属、竹木、玉石、珐琅、陶瓷、琉璃、牙角、兽骨等制作。

玉如意流行于清代，乾隆一朝乃玉如意发展鼎盛阶段，为皇帝登基、寿诞、婚庆及节日等重大活动赏赐下臣的首选之物，尤以整块玉材制成的『玉如意』最受皇室青睐，它不仅成为陈设的吉祥之物，亦成为权力、地位和财富的象征，更是文人士大夫们追求高远脱俗的把玩之物。

# 红木托三镶玉如意

年代 清代

质地 玉

长50.0厘米 宽11.2厘米 高9.2厘米

如意，精选上等紫檀雕制木托，然后在木托首、腹、尾三处镶嵌三块白玉，白玉上分别浮雕鸳鸯、石榴、灵芝等纹饰，使白玉紫檀各显其色，玉器与木作浑然一体。此如意造型端庄，曲线流畅，工艺精湛，寓意福寿双全、多子多孙，象征幸福相随、一生美好。

如意原为民间的搔痒工具，汉代时用骨、兽角、玉、石、竹、珊瑚及金属材料制成，长一尺许，柄端多为手指形，也有灵芝形、心形、云朵形等。因其能搔痒，故名曰『尽如人意』。魏晋南北朝时期，如意成为帝王及达官贵人的手中之物，除用于搔痒之外，还具备权杖的功能。唐代始，如意制作更加讲究，且造型丰富。明清时，它从实用品逐渐转为陈设品，成了大臣敬献皇帝的贡物和皇帝赏赐大臣们的礼品。

# 龙首青白玉带钩

年代　清代

质地　玉

长9.2厘米　宽2.2厘米　厚2.7厘米

带钩由青白玉雕制而成，正面高浮雕龙首，嘴凸起，眼、眉清晰。钩身浮雕整个雏龙，钩头龙头与钩身龙头相对，寓意望子成龙。钩背面接近尾尖三分之一处有一圆钮凸起。

带钩，又称『犀比』，是古代贵族和文人武士系腰带的挂钩，多用青铜铸造，也有用金、银、铁、玉等制成。带钩起源于西周，战国至秦汉广为流行。玉带钩是身份高贵的象征。

# 白玉童子饰件

年代　清代

质地　玉

宽 2.9 厘米　高 4.7 厘米

厚 1.8 厘米

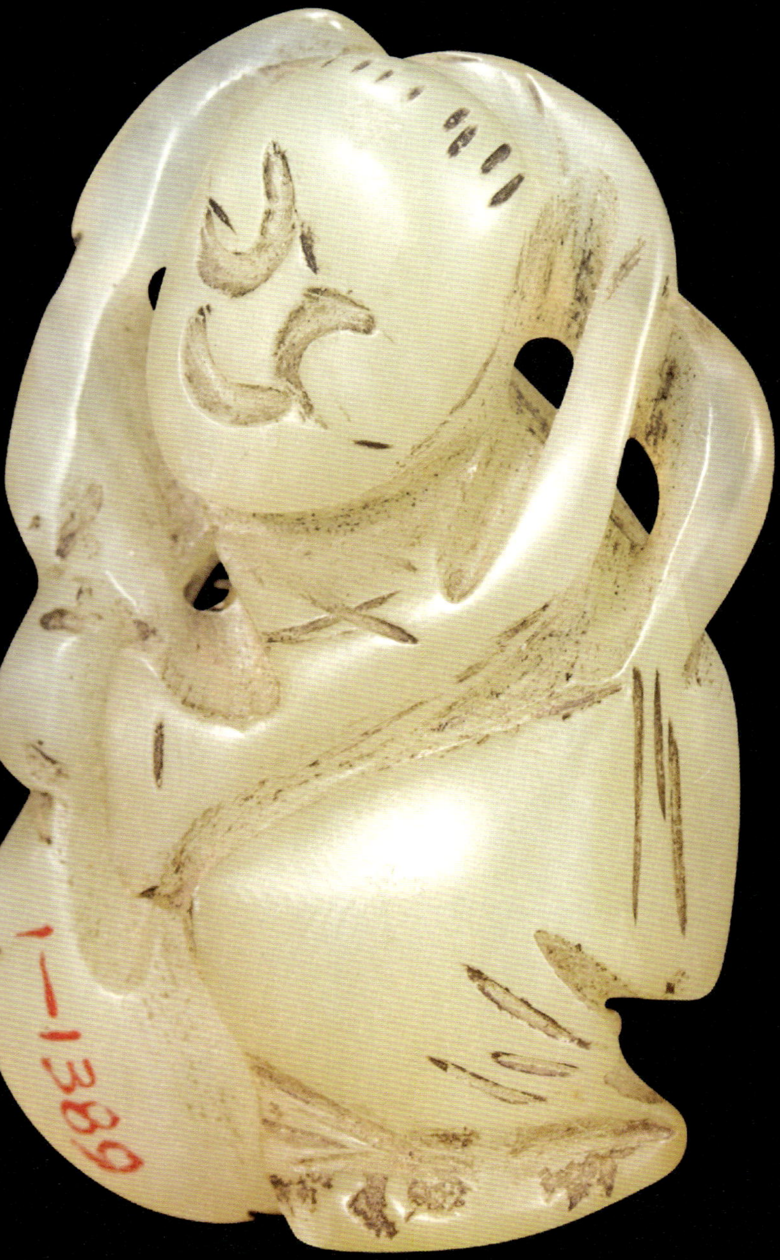


由白玉雕刻而成，盘坐状，五官、头发为粗线条阴刻。童子的面孔栩栩如生，憨态可掬，传神生动。雕刻工艺质朴大方。蕴含『祈福子孙昌盛』之意。

# 鱼形双色玉饰

年代　清代
质地　玉
长8.7厘米　宽3.1厘米　厚1.7厘米

由青白玉和红色玉浮雕及阴刻制成，鱼嘴有一孔，为穿绳佩戴之用。一侧前下半部是青白玉，其余部分为红色玉。鱼形清晰，鱼眼睛、鱼鳞、鱼鳍、鱼尾雕刻逼真；另一侧为红色玉，浮雕一朵盛开的荷花，鱼浮在荷花上。双色鱼为锦鲤鱼，颜色亮丽，寓意鲤鱼跃龙门。

在中国传统文化中，鲤鱼的象征意义很多，因为「鱼」音与「余」同，代表结余。「鲤」音与「利」近，所以鲤鱼用来象征生意中的收益和盈利。另外，风水之说还认为鱼可以招财、招福、挡灾和避祸。

# 玛瑙象

年代　清代

质地　玉

一个长 5.6 厘米　高 5.2 厘米

另一个长 5.5 厘米　高 3.5 厘米

由玛瑙雕琢而成，象鼻左甩，阴刻出褶纹。象额头、眼睛、耳朵等也为阴刻。象背上趴一小童，仰首朝天。整体通透光滑，为摆件或把件。

象体型庞大，身躯强壮，是动物界的寿星，其寿命可达八九十岁。另有传说，认为大象是佛的坐骑，浑身携带仙气，不被噩运干扰。加之大象的『象』与『祥』谐音，所以人们认为以『大象』为题材的把件寓意长寿和吉祥如意。

# 透雕龙凤玉佩饰

年代　清代
质地　玉
通长8.3厘米　通宽3.2厘米　厚0.5厘米

佩饰用青白玉透雕而成，呈长方形，图案由龙、凤、祥云组成。龙体雄健，凤鸟纤细，凤尾勾卷。局部受沁成黑色。

龙是古人对鱼、鳄、蛇、猪、马、牛等动物，和云、雷电、虹等自然天象模糊集合而产生的一种神物。爬行动物和哺乳动物是龙的主要集合对象，因此，龙常被称为『鳞族之长』『众兽之君』；凤是古人对多种禽鸟和某些游走动物模糊集合而产生的一种神物。长翅膀的禽鸟是凤的主要集合对象，因此，凤便登上了『羽族之长』的宝座，有『百鸟之王』之称。

龙有喜水、好飞、通天、善变、灵异、征瑞、兆祸、示威等神性。凤有喜火、向阳、秉德、兆瑞、崇高、尚洁、示美、寓情等神性。神性的互补和对应，使龙和凤走到了一起：一个是众兽

## 花叶形翠笔洗

年代　清代
质地　玉
长9.8厘米　宽6.2厘米　高4.3厘米

笔洗由翠根雕刻而成，色泽泛青。花叶形，弧腹，花瓣口，平底。腹部浮雕花卉纹，叶梗为柄，造型独特。

笔洗属文房四宝笔、墨、纸、砚之外的一种文房用具，是用来盛水洗笔的器皿，多以瓷、玉、玛瑙、珐琅、象牙、犀角等名贵材质制作。因形制乖巧、种类繁多、雅致精美而广受文人雅士的青睐，故传世的笔洗中有很多是艺术珍品。

# 青白玉龙带钩

年代　清代

质地　玉

长9.3厘米　宽1.9厘米　厚2.0厘米

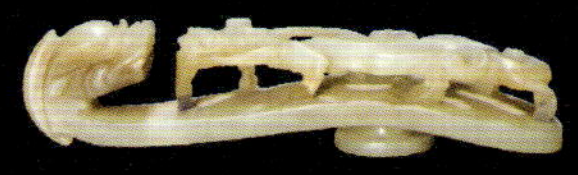

带钩由青白玉雕制而成。正面高，浮雕龙头，嘴、眼、眉清晰，额头宽阔。钩身浮雕整个雏龙，钩头龙头与钩身龙头相对，寓意望子成龙。钩背面接近尾尖三分之一处有一圆钮凸起。

带钩，又称『犀比』，是古代贵族和文人武士所系腰带的挂钩，多用青铜铸造，也有用金、银、铁、玉等制成。带钩起源于西周，战国至秦汉广为流行。玉带钩是身份高贵的象征。

# 螭龙头白玉带钩

年代　清代

质地　玉

长8.6厘米　宽1.7厘米　厚1.9厘米

带钩由白玉制成，螭龙钩头。正面呈弧形，阴刻云纹，背面中间有一凸起圆纽。

带钩，又称『犀比』，为古代贵族和文人武士所系腰带的挂钩，多用青铜铸造，也有用金、银、铁、玉等制成。带钩起源于西周，战国至秦汉广为流行。玉带钩是身份高贵的象征

# 虎头竹节身玉带钩

年代　清代

质地　玉

长 10.7 厘米　宽 1.7 厘米　厚 2.0 厘米

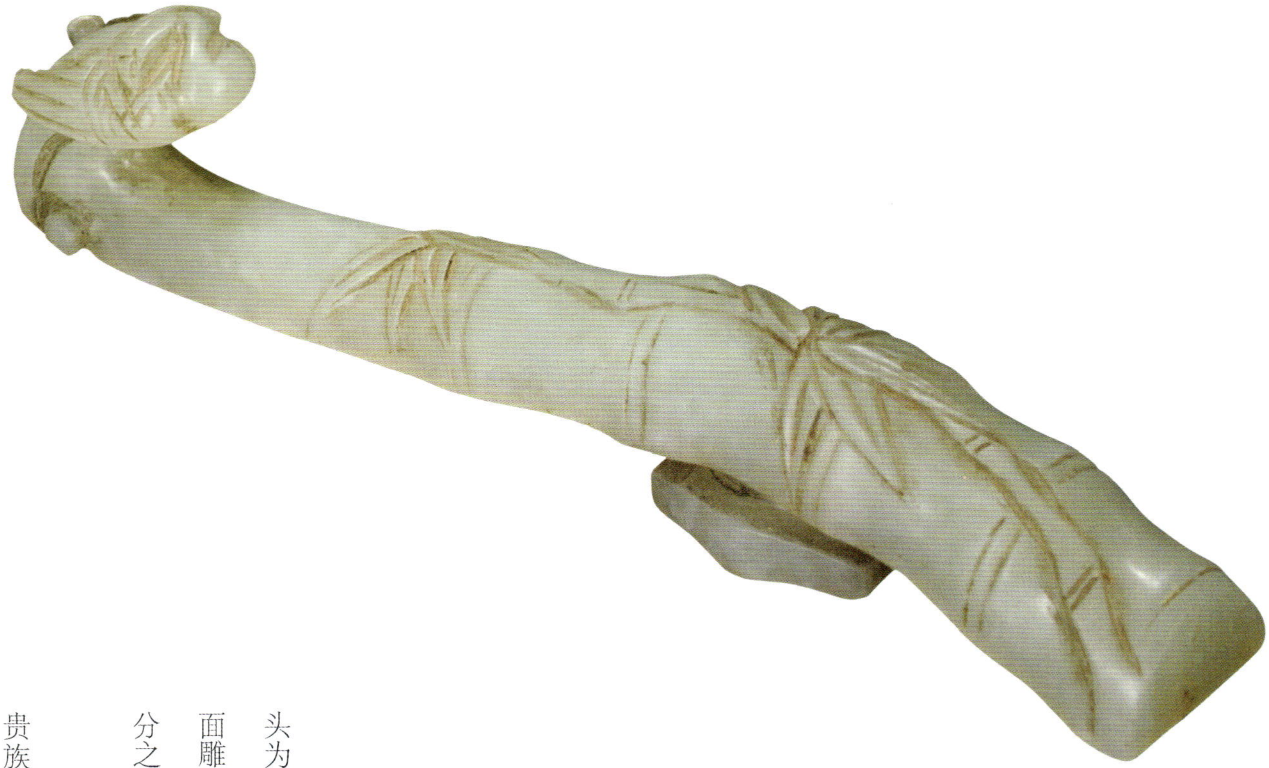

带钩由青白玉雕刻而成。钩头为正面阴刻回首虎头，钩身正面雕刻竹叶纹。背面接近尾尖三分之一处有一凸起六角形钮。

带钩，又称『犀比』，是古代贵族和文人武士所系腰带的挂钩，多用青铜铸造，也有用金、银、铁、玉等制成。带钩起源于西周，战国至秦汉广为流行。玉带钩是身份高贵的象征。

# 螭龙青玉带扣

年代　清代

质地　玉

长 10.0 厘米　宽 3.9 厘米　厚 1.7 厘米

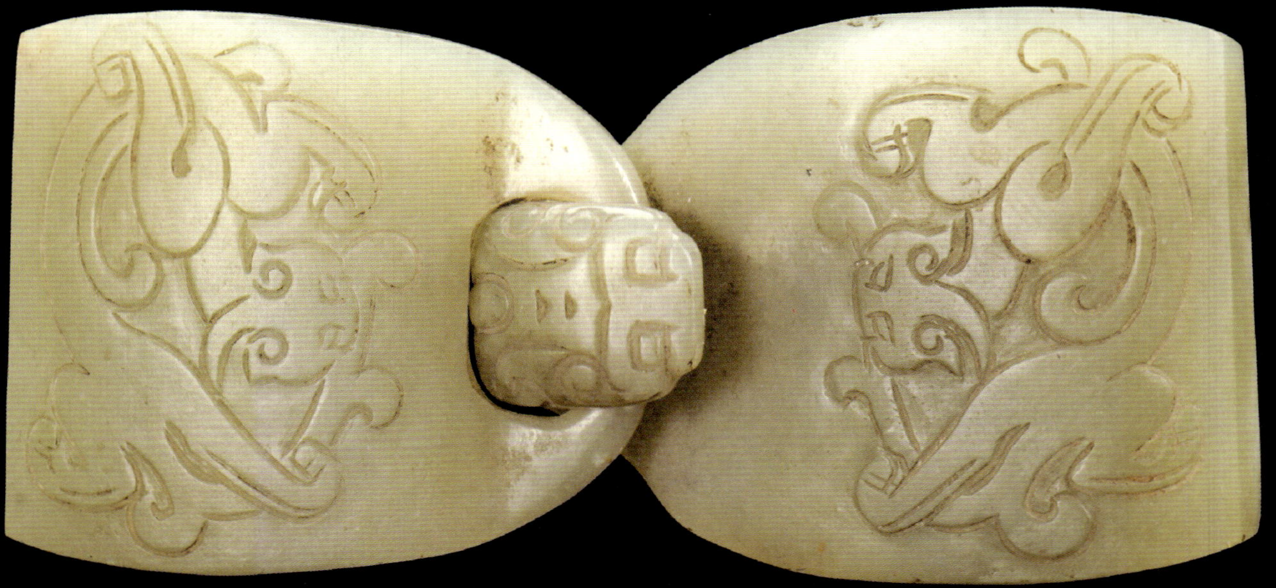

带扣由青玉雕制而成，钩体、扣体均呈椭圆形。钩体前端雕一回顾的螭头为钩，钩体浮雕阴刻一螭龙。扣体前端凿一椭圆孔为扣，扣体浮雕阴刻一螭龙。钩体与扣体背面均有一长方形钮。工艺甚佳。

# 螭龙青玉带扣

年代　清代

质地　玉

宽 4.0 厘米　带钩长 6.2 厘米　厚 1.9 厘米

带环长 5.8 厘米　厚 1.2 厘米

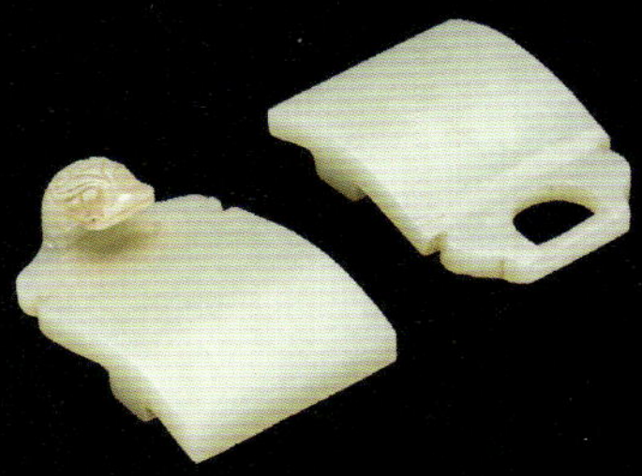

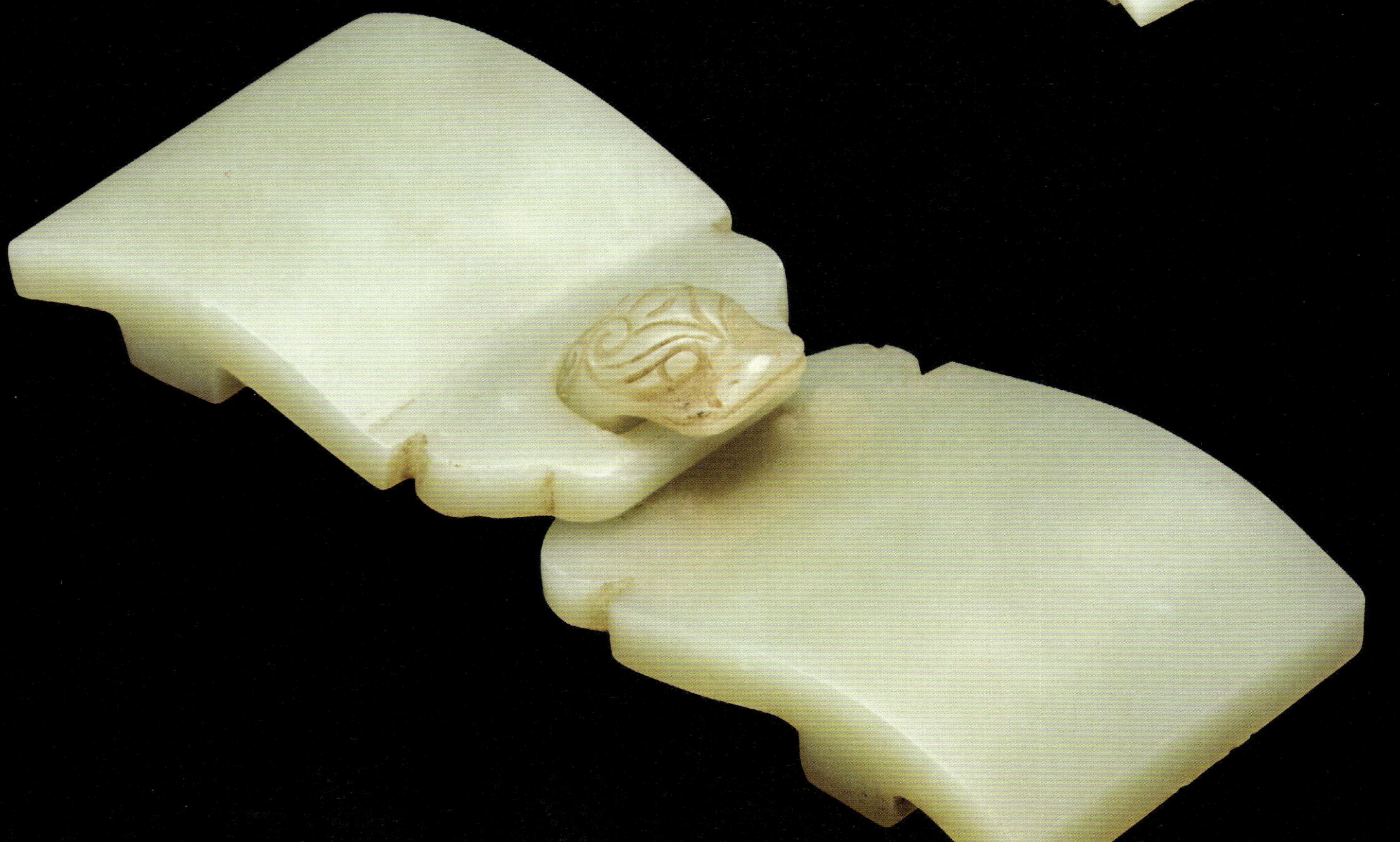

带扣由青玉雕制而成，钩体、扣体均略呈长方形。钩体前端雕一回顾的螭龙头为钩，钩体素面。扣体前端凿一椭圆孔为扣，扣体素面。钩体与扣体背面均有一长方形钮。工艺甚佳。

# 螭龙青玉带扣

年代　清代

质地　玉

带钩长 6.4 厘米　厚 2.0 厘米

带环长 6.3 厘米　厚 1.3 厘米

带扣由青玉雕制而成，钩体、扣体均略呈长方形。钩体前端雕一回顾的螭龙头为钩，钩体素面。扣体前端凿一椭圆孔为扣，扣体素面。钩体与扣体背面均有一长方形钮。工艺甚佳。

# 福寿双全纹玉翎管

年代　清代
质地　玉
长5.1厘米　直径1.7厘米

翎管由白玉制成，顶为椭圆形，管身阴刻蝙蝠纹和寿纹，管两端阴刻回纹，局部见沁色。蝙蝠纹和寿纹图案寓意福寿多多，是中国传统的吉祥图案。

翎管，是随清王朝冠制改革而诞生的，为清朝特有，其功能就是在顶珠下用来安插翎枝。一般多用玉、翠、珐琅等材料制成。

# 喜字纹玉翎管

年代 清代
质地 玉
长 6.9 厘米 直径 1.7 厘米

翎管由白玉制成，顶为椭圆形，管身浮雕喜字纹，上端浮雕一『卍』字纹。玉质细腻温润。

# 双喜纹玉翎管

年代　清代

质地　玉

长 6.6 厘米　直径 1.4 厘米

翎管由白玉制成，顶为椭圆形，管身阴刻双喜字，喜字上插双层花盖伞，下飘两条飘带。玉质晶莹温润，有光泽。

双喜字结构巧妙，是中国民间美术的一绝。两个并列的喜字方正对称，骨架结构稳定，如男女并肩携手而立。又有四个口子，既象征男女欢喜，又象征子孙满堂，家庭融洽与美满。

# 透雕寿字玉佩

年代　清代
质地　玉
直径 5.8 厘米　厚 0.2 厘米

玉佩由青白玉透雕而成，玉质温润通透。玉佩上方有一圆孔，用于佩挂。圆形葵口花边，中心透雕寿字，周边为浮雕蝙蝠纹与鱼形纹。

寿字，是祝贺长者长寿之意。若将寿字拉长，则表示长寿；若把寿字作圆形，则表示圆满长寿。

# 青玉璧

年代　清代

质地　玉

直径 6.0 厘米　厚 0.9 厘米　内径 1.2 厘米

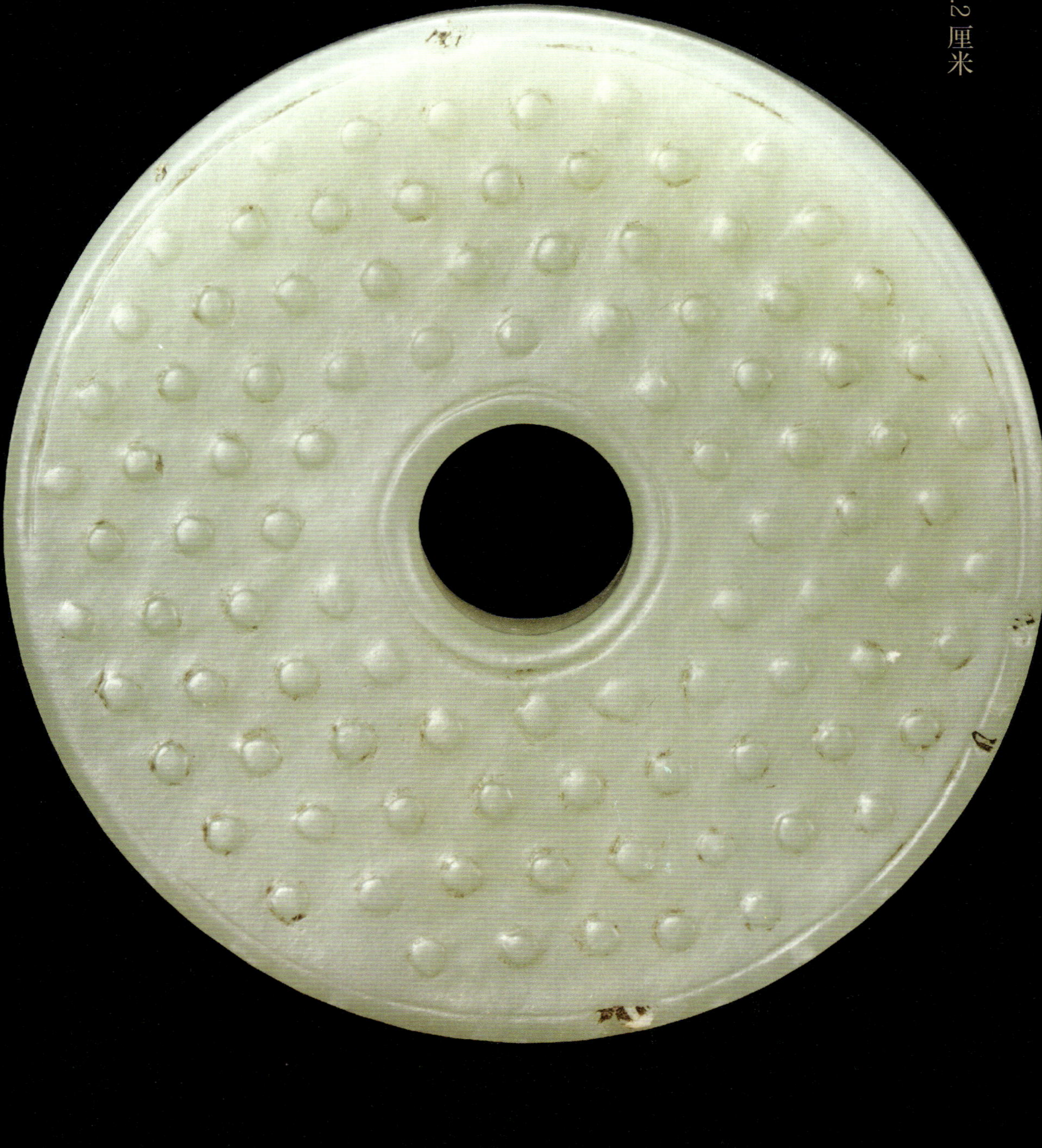

玉璧由青玉透雕而成，一面满饰乳钉纹，另一面饰勾云纹。云纹，中国古代吉祥图案，象征高升和如意，应用较广。

玉璧为我国传统的玉礼器『六瑞』之一，也是我国玉器中出现最早并一直延续不断的品种，是重要的瑞玉。战国至两汉是玉璧的鼎盛时期，花纹形式多变，饰纹种类丰富，使用范围扩大，数量居历代之冠。

# 透雕寿字玉佩

年代　清代

质地　玉

直径 5.8 厘米　厚 0.4 厘米

玉佩由青白玉透雕而成，玉质温润通透。玉佩上方有一圆孔，用于佩挂。圆形葵口花边，中心透雕寿字，周边为阴刻花草纹。

寿字，是祝贺长者长寿之意，若将寿字拉长，则表示长寿，若把寿字作圆形，则表示圆满长寿。

# 透雕青玉佩

年代　清代

质地　玉

直径 5.6 厘米　厚 0.5 厘米

玉佩由青玉透雕而成，圆形葵口花边。玉佩中心透雕寿字，周围为花卉枝叶，左右两边各雕一葵花，佩饰有一圆孔，作佩挂用，玉质温润通透。

明清是玉文化繁荣的时代，民间盛行佩带各种玉佩饰。有钱人上到帽檐前饰，中至玉腰牌、玉挂件，下至玉鞋扣，几乎全身都是玉。平民百姓也常戴玉手镯、玉耳环、玉扳指等。古人对玉佩的热爱不是因为玉的贵重，而是源于玉的品格。《礼记》云：『君子无故，玉不去身。』

# 透雕双喜青白玉佩

年代　清代

质地　玉

直径 5.5 厘米　厚 0.6 厘米

玉佩由青白玉透雕而成，圆形葵口花边，中心透雕双喜字。玉质温润通透。

双喜字结构巧妙，是中国民间美术的一绝。两个并列的喜字方正对称，骨架结构稳定，如男女并肩携手而立。又有四个口子，既象征男女欢喜，又象征子孙满堂，家庭融洽与美满。

明清是玉文化繁荣的时代，民间盛行佩带各种玉佩饰。人们对玉佩的热爱不是因为玉的贵重，而是源于玉的品格。《礼记》云：『君子无故，玉不去身。』

# 蝙蝠碧玉饰

年代　清代

质地　玉

长 15.4 厘米　宽 4.0 厘米　厚 1.0 厘米

饰件由碧玉雕刻而成，形似蝙蝠。中间为兽头，兽头两边对称似翅膀，饰卷云纹。双翅下端各有一孔，与兽头上孔呈三角形。眼睛、鼻子、眉毛清晰。上有一镂空孔，为穿绳佩戴之用。

# 葫芦形玉佩

年代　清代

质地　玉

长5.7厘米　宽3.4厘米　厚0.5厘米

玉佩为白玉圆雕，葫芦形。正面阴刻枝叶和卷云纹，枝叶在上，卷云纹在下。玉质纯正，细腻温润。

由于葫芦茎延藤伸，由近及远，蔓带结实，相接累累，故人们将它视为生殖繁衍兴旺的象征。

# 葫芦形玉佩

年代　清代
质地　玉
长 5.5 厘米　宽 3.1 厘米　厚 1.6 厘米

玉佩由青白玉雕刻而成，上窄下宽，整体为葫芦状。上半部雕刻葫芦枝叶和藤蔓，下半部雕刻两个完整葫芦。上端有钻孔，为穿绳佩戴之用。

葫芦曾是生活中的盛水用具，也曾是历史上英雄好汉的酒具，还是民间传说中珍藏宝玩的神器或盛装灵丹妙药的容器。由于葫芦茎延藤伸，由近及远，蔓带结实，相接累累，故人们将它视为生殖繁衍兴旺的象征。

# 珊瑚链玉佩饰

年代　清代

质地　玉　珊瑚

珊瑚长 4.5 厘米　直径 0.3 厘米　玉佩直径 5.2 厘米

玉佩由珊瑚链和玉佩组成。珊瑚链由红色珊瑚珠穿成；玉佩为白玉圆形透雕，共三圈，外圈为连珠纹，中间为阴刻两条圆线的空心圆，内圈方形，四边中间分别刻有卷云纹。

# 珊瑚链翠佩饰

年代　清代
质地　玉　珊瑚
珊瑚长 37 厘米　宽 3.6 厘米
翠厚 0.4 厘米　珠 1.0 厘米

佩饰由翠牌和珊瑚珠链组成。翠牌为长方形，青色泛绿，阴刻花草纹和动物头像纹。牌身中部和下部各有两孔，上部一孔用于穿珊瑚链。珊瑚链由红色珊瑚珠穿成。

# 翠手镯

年代 清代

质地 玉

直径8.1厘米 厚1.0厘米

手镯由白底翠琢制而成，呈半透明状，镯身有翡翠红，质地坚硬。手镯是套在手腕上的一种环形饰品，其中封闭型圆环手镯，以玉石原料为多；开口手镯，以金属材料居多。常见的手镯为金手镯、银手镯、玉手镯、镶宝石手镯等。手镯的作用主要有三：一是显示身份，突出个性；二是美化手臂；三是健身保健。

# 双童玉牌饰

年代　清代

质地　玉

高 4.4 厘米

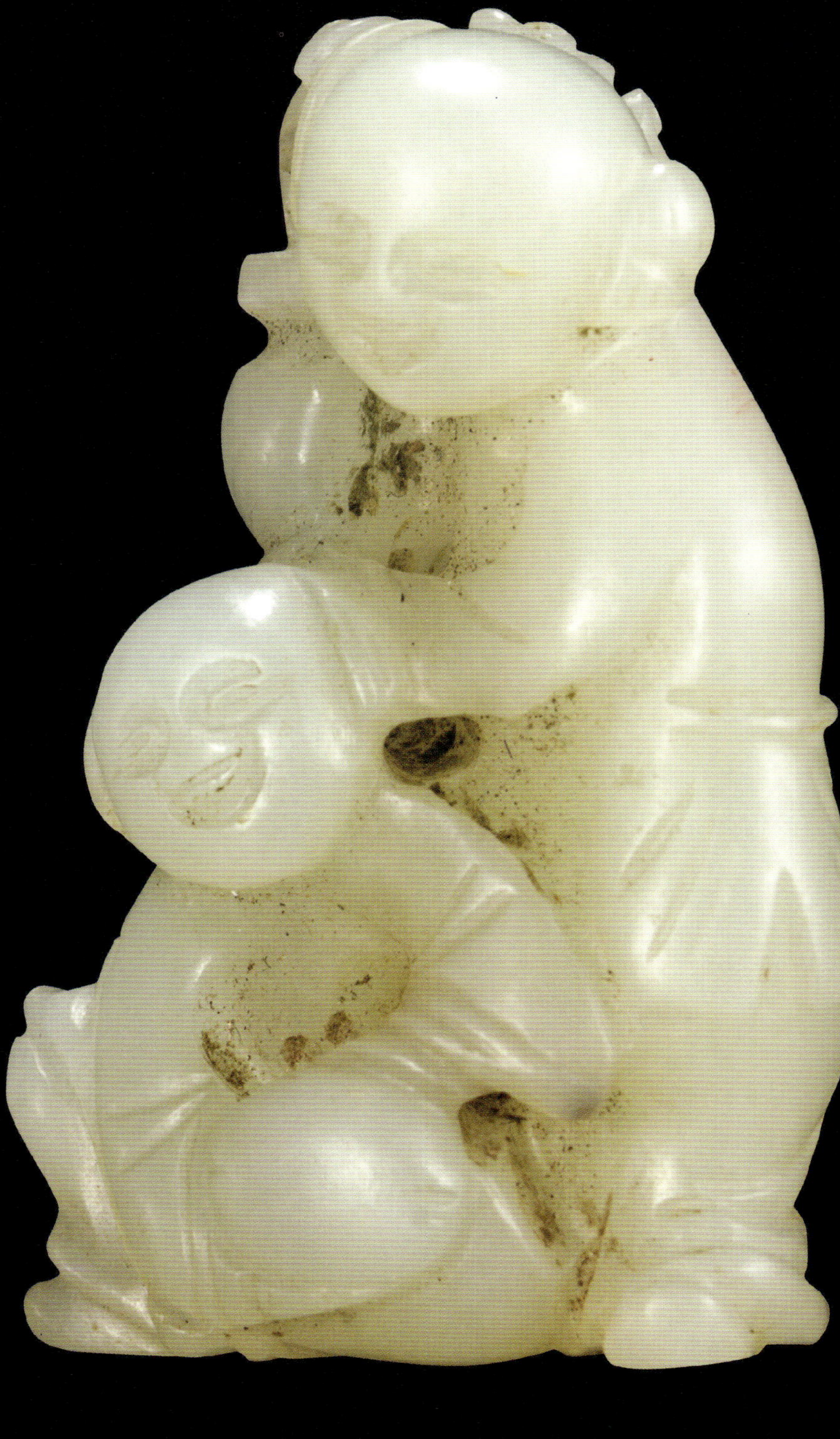

牌饰为白玉圆雕，造型为双童，一前一后，一蹲一立，分别持寿桃与花瓶，寓意平安长寿、吉祥如意，玉质洁白莹润。

相传战国时期军事家孙膑，十八岁离家到千里之外的云蒙山拜鬼谷子为师，学习兵法。一去就是十二年，某年的五月初五，孙膑猛然想到：『今天是老母八十岁生日』，于是向恩师请假回家看望母亲，师傅顺手摘下一个桃子送给孙膑说：『你在外学艺未能报效母恩，我送给你一个桃带回去给令堂上寿。』从此，民间便开始用桃来为长辈祝寿。

# 翠扁簪

年代　清代

质地　玉

长25.5厘米　宽2.8厘米　厚0.3厘米

扁簪用翠制成，素面，通体打磨抛光，边角有坡度。簪头卷曲，簪尾圆头，应为蒙古族或满族妇女固定头发所用。

簪是古代妇女发型中最基础的固定和装饰工具，是由用来绾定发髻或冠的长针即笄发展而来的。一般用金属、兽骨、玉石等材料制成，多镶嵌珠宝。《后汉书·舆服志》有"黄金龙首衔白珠，鱼须擿，长一尺，为簪珥"的记载。

# 白玉龙首带钩

年代　清代

质地　玉

长 9.6 厘米　宽 2.4 厘米　厚 1.9 厘米

带钩由青白玉透雕而成，龙首为钩。龙首作角斗状，高额隆起，突目宽鼻，双耳后抿，毛发后仰，腮部饰半月形凹凸纹，以示丰满有力。钩身拱形，光洁无纹饰。钩身下有椭圆形钩钮。整体雕工简洁有力，表现出龙的威严与强悍，是权势、高贵、尊荣的象征。

# 透雕龙头玉带钩

年代　清代

质地　玉

长7.8厘米　宽1.8厘米　厚1.4厘米

带钩用青白玉雕制，采用镂空及高浮雕技法。钩首呈龙首状，钩体呈弧形，钩身高，浮雕一螭龙，螭龙与龙首四目相对，遥相呼应，温情四溢，寓意苍龙教子。钩背琢有一椭圆形钩钮。带钩整件线条刚柔相济，清晰流畅。

# 白玉龙首带钩

年代　清代

质地　玉

长8.5厘米　宽1.6厘米　厚1.8厘米

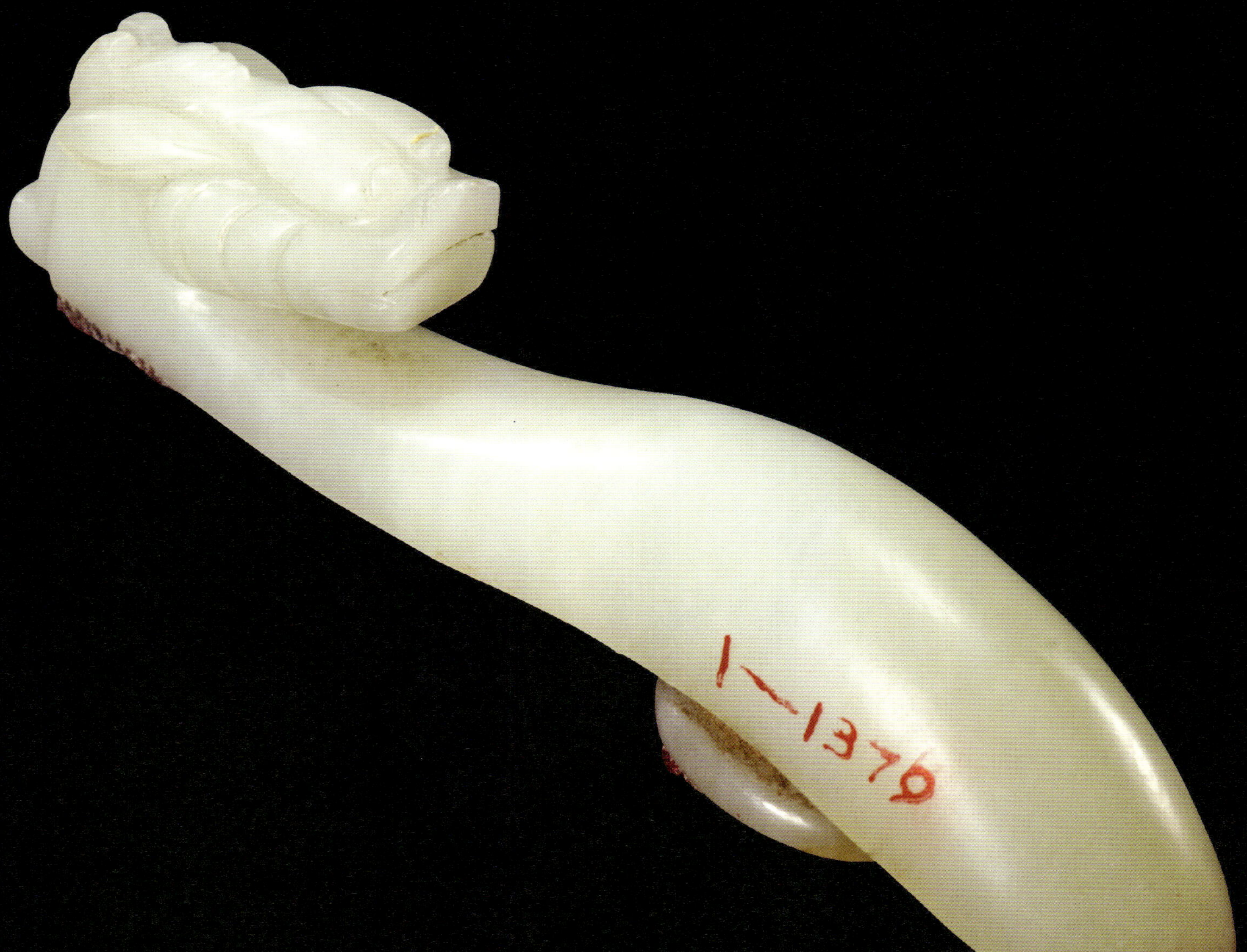


带钩由青白玉雕制而成，玉质温润如脂，雕工简洁有力。钩头作龙首状，方嘴微张，下端呈琵琶形。带钩腹较宽，腹面向上拱起，光洁无纹饰，莹润光亮，钩身下有椭圆形钩钮。

龙是古代中国人的精神图腾和智慧结晶，是腾飞、振奋、开拓、幸运与成功的象征。此带钩寓意吉祥如意。

# 鹅形螭虎玉带钩

年代　清代

质地　玉

长6.3厘米　宽1.9厘米　厚1.3厘米

带钩由青白玉雕制而成，一端雕一只回首天鹅，鹅头微昂，即为钩头。下端呈琵琶形，长而弯曲的钩身腹背隆起，浮雕一螭虎，螭虎与鹅相互对望，螭虎形态自然写实，线条遒劲有力。钩身下有椭圆形钩钮。

螭虎在中国文化中代表神武、力量、权势和王者风范。鹅回头寓意『我如意』。此带钩有『吉祥如意』之寓意。

# 铜镶玉梅花纹带扣

年代　清代

质地　玉

长 6.0 厘米　宽 5.6 厘米

厚 1.6 厘米

带扣由青白玉雕制而成，玉心为椭圆形，葵边，镂雕竹梅图，周边浮雕十九颗珠组成的联珠纹。铜鎏金底托背面镂雕勾莲纹。构图新颖活泼，加之联珠纹装饰，更显得高贵典雅。

雕刻竹子和梅花属于借物喻人，以此赞扬人的骨气和高尚品格，此带扣有『梅竹双清』之寓意。

# 铜镶玉菊花卷云纹玉带扣

年代　清代

质地　玉

直径6.3厘米　厚1.3厘米

带扣由青白玉雕制而成，玉质细白如凝脂，八角边，浮雕菊花卷云纹。铜鎏金底托边饰联珠纹，背面镂雕牡丹纹。

菊花清新高雅，为代表长寿、吉祥和欢乐的花。卷云纹寓意高升如意。此玉带扣有『四季平安，高升如意』之寓意。

# 铜镶玉人物纹带扣

年代　清代

质地　玉

长 8.2 厘米　宽 6.0 厘米　厚 2.1 厘米

带扣由青白玉雕制而成，椭圆形，葵边，玉面浮雕童子与如意。铜鎏金底托背面镂雕钩莲纹。工艺简洁，惟妙惟肖。

童子形象憨态可掬，纯洁无瑕，如意寓意事事顺利。此带扣象征着吉祥如意。

# 盘肠纹玉带饰

年代　清代

质地　玉

长6.0厘米　宽5.5厘米　厚0.3厘米

带饰由青白玉雕制而成，玉质纯正，雕工细腻。整体呈椭圆形，中间浮雕盘肠纹，两边雕蝴蝶结纹。

盘肠纹为佛教八宝之一，代表吉祥如意。蝴蝶寓意生活美满、富贵吉祥、爱情甜美。

# 透雕白玉盘肠带扣

年代　清代

质地　玉

长9.4厘米　宽6.0厘米　厚1.1厘米

带扣由白玉雕制而成，椭圆形，中间为透雕盘肠纹，两边为荷花纹，玉质温润有光泽。

盘肠纹为佛教八宝之一，代表吉祥如意，荷花的『荷』与『和』同音，所以常用来寓意和睦、和顺。此带扣应有『吉祥和美』之寓意。

## 铜托玉带钩

年代 清代

质地 玉

长8.0厘米 宽6.0厘米 厚1.8厘米

带钩由青白玉雕制而成，呈长方体，鎏金底托。玉面雕琢一颗古松在山石嶙峋中拔地而起，姿态奇伟，松针舒展，苍劲质朴，旁边立一雄健的丹顶鹤。此带钩取「松鹤延年」之寓意。

# 螭龙头玉带扣

年代　清代

质地　玉

长5.8厘米　宽2.6厘米　厚1.8厘米

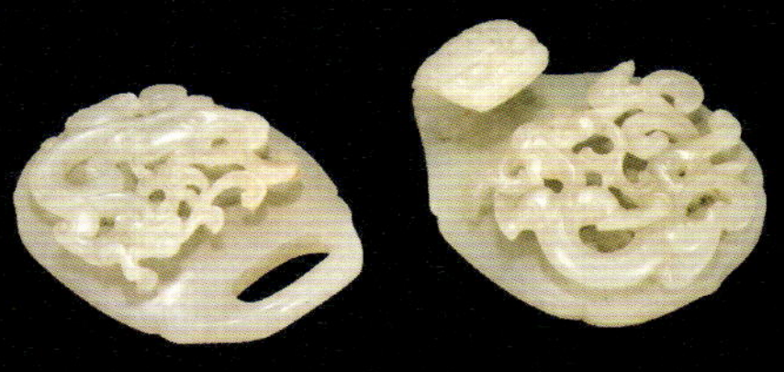

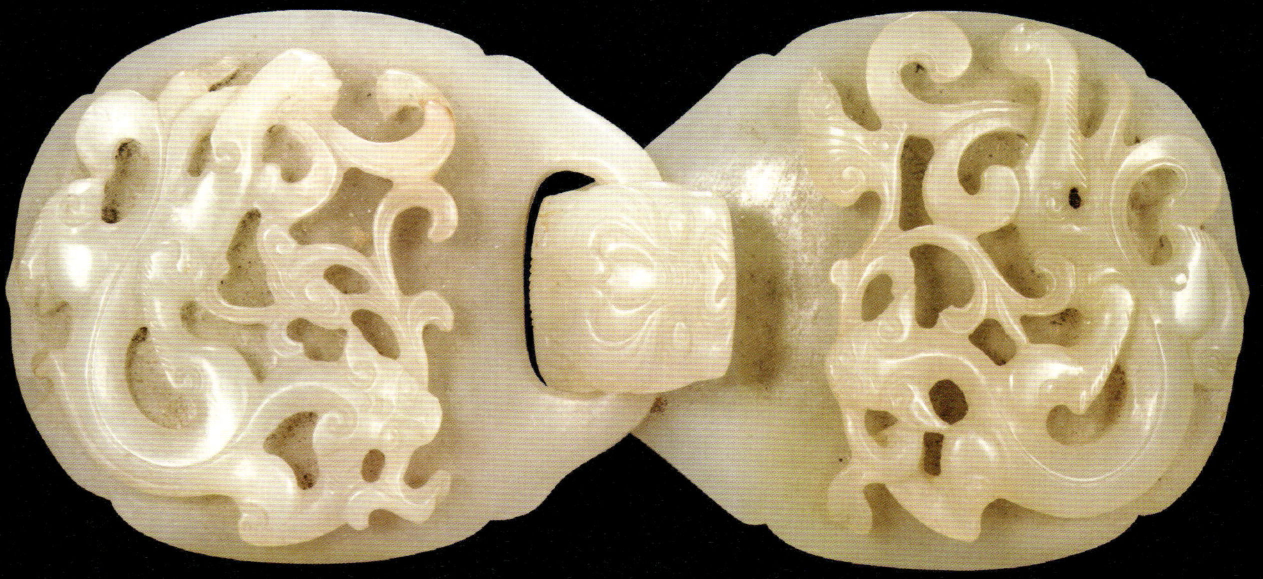

带扣用青白玉雕制，椭圆形，双层透雕。由钩和扣两部分组成，钩为螭龙头形，扣一端有椭圆形空洞。钩身和扣身各透雕一螭龙和水草纹，底部均有一光洁无纹的圆形钮。雕工精巧，品相完好。

# 透雕白玉盘肠带扣

年代　清代

质地　玉

长8.3厘米　宽4.0厘米　厚1.6厘米

带扣由白玉透雕而成，玉质温润，刀工苍劲，线条流畅。玉面呈如意形，整体为绳纹盘肠，背面无纹饰，中间底部有一圆形扣钮。

盘肠纹代表吉祥，如意代表幸福。盘肠与如意的组合被称为『如意盘肠』。

# 兽首玉带扣

年代 清代

质地 玉

长12.4厘米 宽4.5厘米 厚1.4厘米

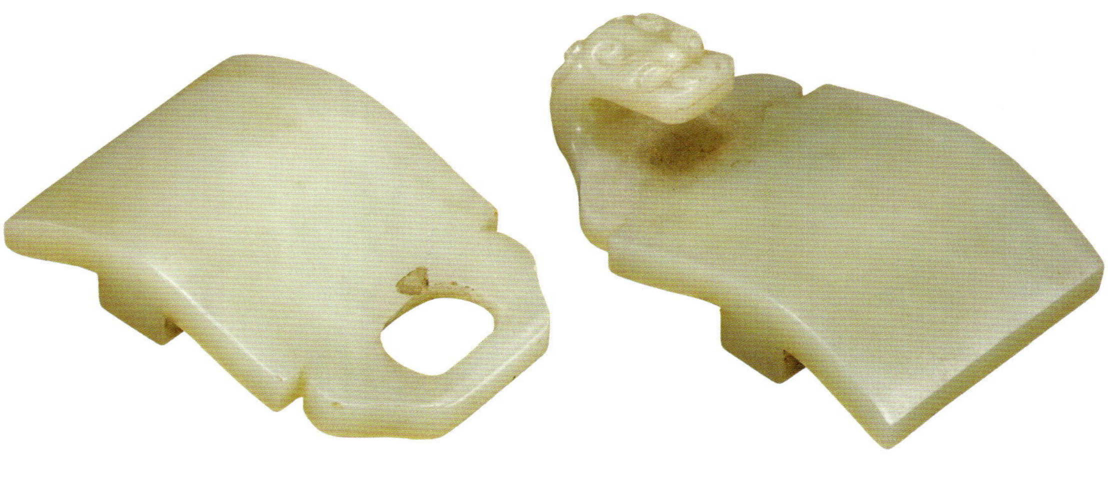

带扣由青白玉雕制而成，钩环相扣后呈长方形。钩作兽首形，另一端的环为椭圆形空洞。带扣扣身素面，光洁无纹，弧度适中，棱角分明，背面均有一长方形穿孔，可系腰带。

## 玉带钩

年代　清代
质地　玉
长 5.5 厘米　宽 3.1 厘米　厚 0.8 厘米

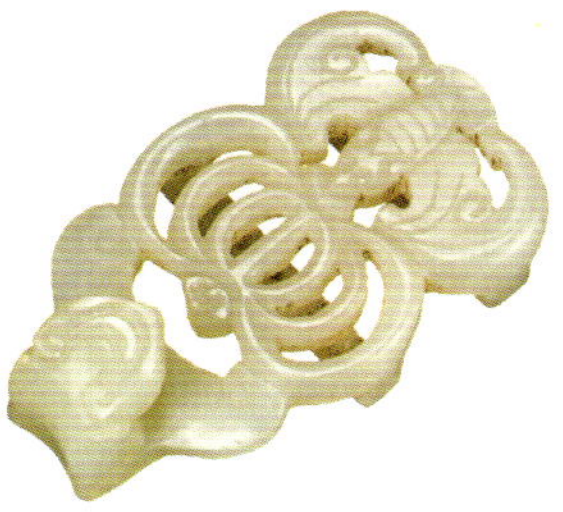

带钩由青白玉透雕而成，呈葫芦状，中间饰佛手，背面有一长条挂钩。雕工精细，造型优美。

「葫芦」与「福禄」谐音，民间常用葫芦来表示福禄。葫芦也有多子多福和福满乾坤的含义。「佛」与「福」谐音，故佛手有抓福之意，佛手谐音「福寿」，寓意福寿如意。

# 透雕葫芦龙纹玉佩

年代　清代

质地　玉

长5.7厘米　宽3.5厘米　厚0.5厘米

玉佩由青白玉透雕而成。中间透雕葫芦图案，两边透雕龙图案，双龙首尾相对。雕工精细，造型优美。

龙为龙腾云天，大展宏图。葫芦也有多子多福、福满乾坤之意。此玉佩应为『神龙送福禄』和『龙腾万福』之寓意。

# 透雕螭龙玉佩

年代　清代

质地　玉

长5.9厘米　宽3.6厘米　厚0.3厘米

玉佩为青白玉透雕，双龙纹，首尾相对，周边为花草纹。布局对称，构思巧妙，工艺精细。

螭龙的『龙』与『隆』谐音，寓意生意兴隆、子孙兴隆，亦有奋力向上升腾之势。

双龙代表传承、往复，生生不息。此玉佩寓意家运昌盛、子孙有为、前途顺畅。

# 透雕双喜纹玉佩

年代　清代
质地　玉
长 8.0 厘米　宽 3.8 厘米　厚 0.4 厘米

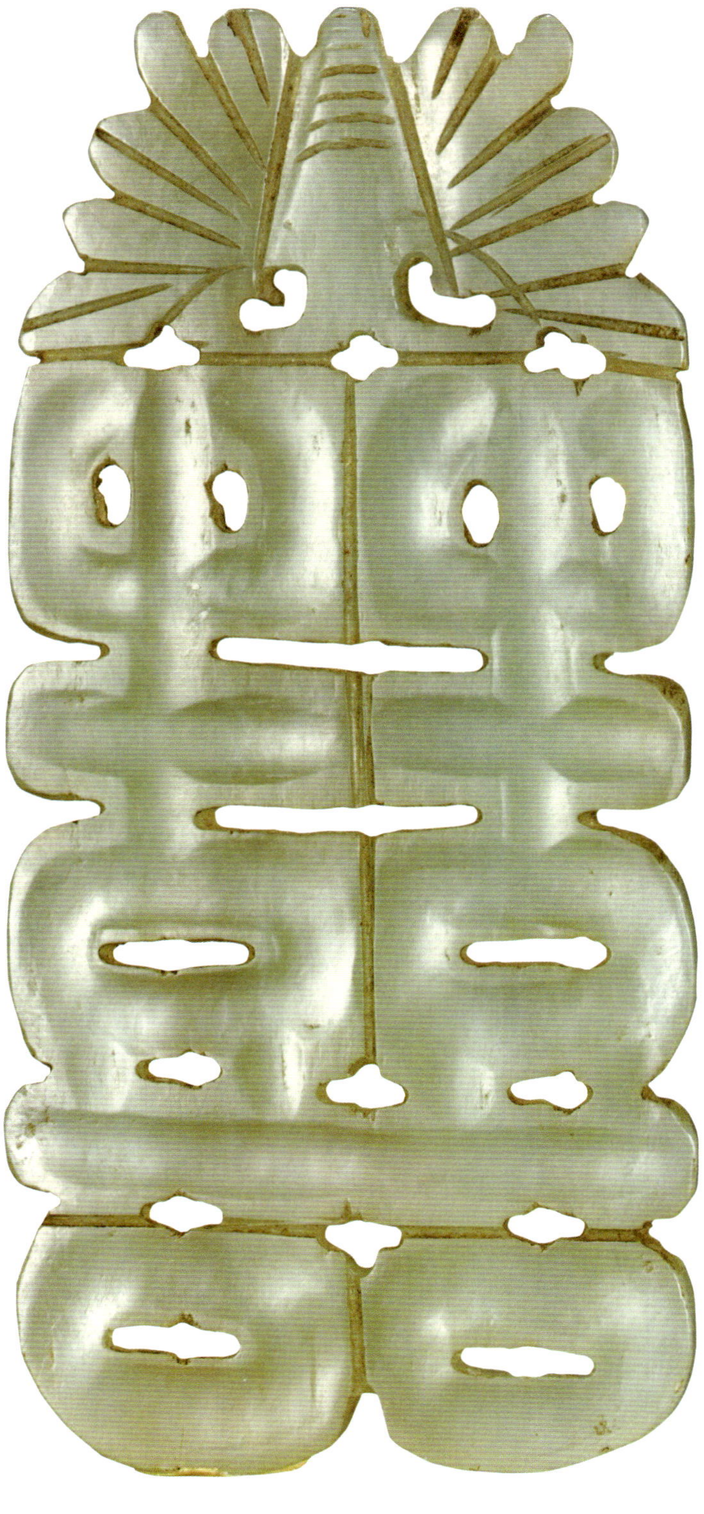

玉佩为白玉透雕，双喜纹，两个左右并联的喜字上方冠以蝴蝶为尊。雕工细腻，简而不乱。因「蝶」与「瓞」同音，瓜出生时甚小，而后及大，故后人称颂亲友子孙昌盛，往往画瓜瓞（蝶）以示瓜瓞绵绵。玉雕瓜瓞（蝶）绵绵在清代非常盛行，寓意子孙万代，子孙昌盛。此玉佩有「喜上加喜」「子孙昌盛」之意。

# 双喜玉饰

年代　清代

质地　玉

宽5.0厘米　高6.2厘米

玉佩为白玉透雕，双喜纹，两个左右并联的喜字上方冠以如意纹为尊。如意纹是由吉祥物如意演变来的纹样，寓意吉祥如意。双喜多用于婚礼，表示好事成双。此玉饰寓意事事如意，心想事成。

## 透雕福字玉佩

年代　清代

质地　玉

长5.1厘米　宽5.1厘米　厚0.5厘米

玉佩由青白玉透雕而成，字体饱满，笔画圆润，雕工精细，造型优美。

『福』即幸福、福气，寄托了人们对幸福生活的无限向往及美好祝愿，是祥瑞、美好、吉祥寓意的统称。

# 透雕双喜白玉佩

年代　清代

质地　玉

长6.6厘米　宽3.7厘米　厚0.3厘米

玉佩为白玉透雕，蝴蝶双喜纹，配有珊瑚珠链。两个并联的喜字上方冠以蝴蝶为尊。

因「蝶」与「瓞」同音，所以人们称颂亲友子孙昌盛，往往借画瓜瓞（蝶）来代表瓜瓞绵绵。此玉佩有「双喜临门」「子孙昌盛」之寓意。

# 蝶形玉佩

年代　清代

质地　玉

长14.0厘米　宽4.2厘米　厚0.4厘米

玉佩用青白玉雕刻，扁平体，蝶形，有边框，框内双面满刻牡丹纹，左右各刻有一朵牡丹花。上下共四个挂钩。

牡丹图案象征富贵，宋代周茂叔《爱莲说》：『牡丹，花之富贵者也。』

# 五铢钱纹玉饰

年代　清代

质地　玉

长5.7厘米　宽5.7厘米　孔径0.3厘米

直径5.7厘米　厚0.4厘米

玉佩用青白玉雕刻，为古钱币形，中间有一方孔。玉面为五铢两字，背面为『长宜子孙』四字。

在当时人们的观念中，玉璧是财富和重宝的象征物。因价值较高，可与货币并用或充当货币使用。以珠玉为上币，以黄金为中币，以刀布为下币。而玉泛指玉璧、琮、圭、璋等。『璧币』相联，甚至直接绘成的『币币』相联（五珠同五珠相联）图案，寓意子孙财源滚滚。

# 透雕龙舟玉璜

年代　清代

质地　玉

长 5.4 厘米　宽 4.7 厘米　厚 1.3 厘米

玉璜为白玉透雕，色泽温润，圆形边框内透雕龙形船转心，可以转动，象征扬帆远航。内圆和外圆象征周而复始。顶端浮雕卷云纹。玉璜设计巧妙，工艺精细。

龙被奉为神灵之物，是帝王权威的象征。龙能乘风破浪，勇往直前。船挂满帆顺风行进，比喻没有阻碍，事事顺利。卷云纹寓意高升和如意。此玉璜寓意一帆风顺，事事如意。

# 藕片白玉佩

年代　清代

质地　玉

长 5.2 厘米　宽 4.6 厘米　厚 0.3 厘米

玉佩用白玉制成，玉质洁白，透雕，双面工。仿雕七孔莲藕，形象生动逼真，富于趣味。此玉佩蕴含『路路通』，即各路畅通的寓意。

# 龙纹玉璧

年代　清代
质地　玉
直径 5.8 厘米　孔径 0.9 厘米
厚 0.4 厘米

玉璧由青白玉浮雕而成，圆形，中心穿孔。玉面浮雕一大一小两条首尾相交的龙，姿态各异，背面光洁无纹饰。

此类玉璧古时多用作佩饰。图案中两龙虽大小有别，但却和谐融洽，表现出大龙对小龙的关怀和教导，此玉璧有『望子成龙』之寓意。

# 透雕蝶花玉佩

年代　清代

质地　玉

长6.4厘米　宽6.1厘米　厚0.4厘米

玉佩由白玉透雕而成，温润晶莹，有玻璃光泽，雕工精致。蝴蝶形，上方透雕花草纹，下方浮雕蝴蝶纹，整体图案线条流畅，花与蝶之间的图案变幻生动自然。

蝴蝶是生活美满、富贵吉祥的象征。此玉佩有『吉祥美好』之寓意。

# 葵花纹透雕玉饰

年代 清代

质地 玉

长 6.4 厘米 宽 4.0 厘米 厚 0.3 厘米

玉佩为青白玉透雕，椭圆形。玉面为葵花纹饰，葵花叶面与花叶下枝梗穿插交织，雕刻逼真，琢工简洁，充满生活气息和勃勃生机。

向日葵，因其花常朝向太阳而得名，是一种明亮、温暖且充满活力的花，象征着健康、快乐、活力。

# 乳钉纹玉璧

年代 清代
质地 玉
直径 4.5 厘米 厚 0.6 厘米

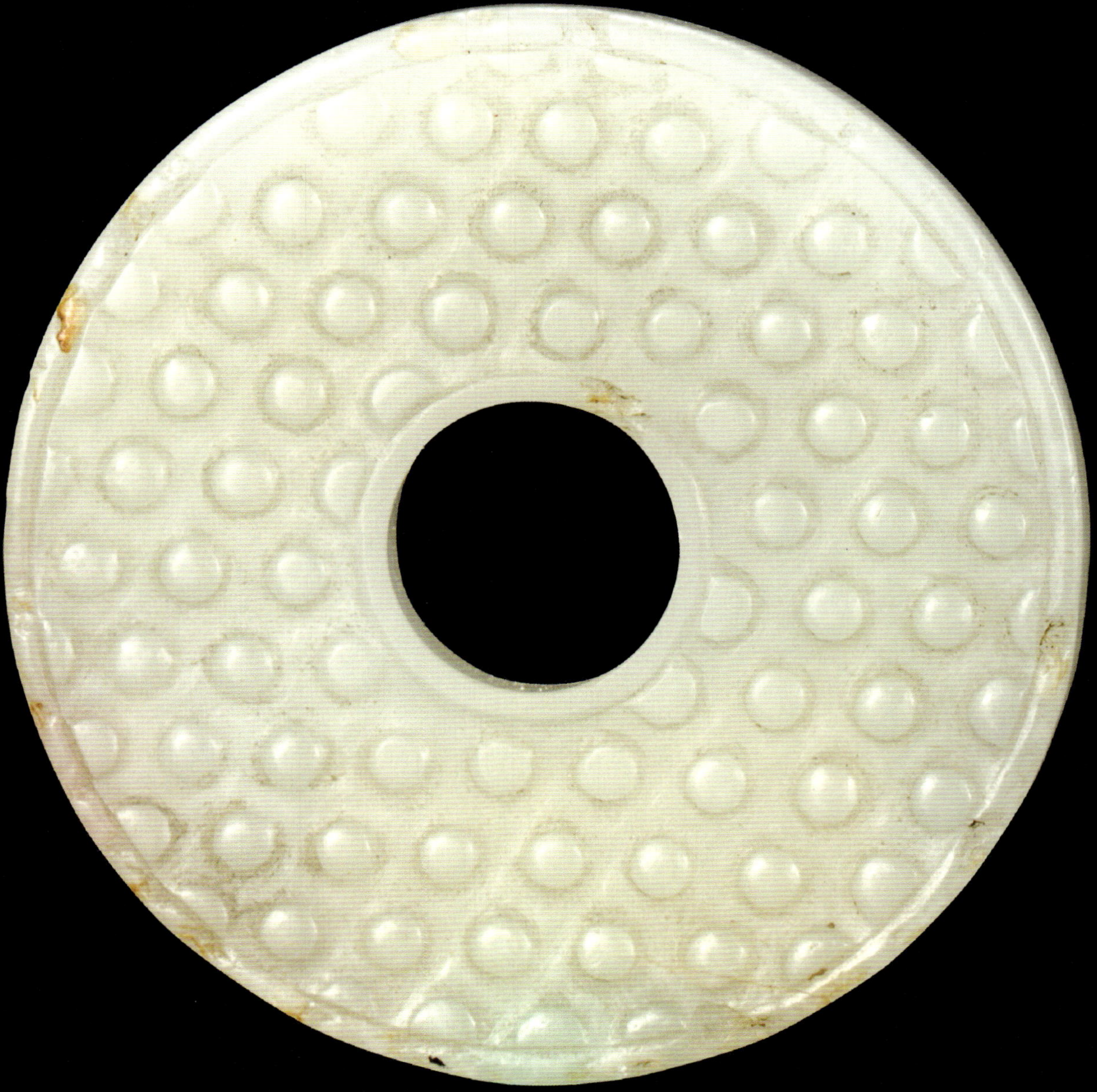

玉璧为青白玉透雕，正面饰满乳钉纹，背面光洁无纹饰。

乳钉纹是呈半球形凸起的纹饰，最早出现在祭祀女性先人的祭器上，表示对母亲的敬仰和怀念，也有『祈求子孙满堂，人丁兴旺』的寓意。

# 蟠螭纹玉璧

年代　清代

质地　玉

直径 6.2 厘米　厚 1.0 厘米　孔径 1.2 厘米

玉璧由青白玉浮雕而成，双面工。正面浮雕一螭龙，身躯修长，体态圆润，肩部臂部稍显肥厚。口衔灵芝，盘曲为环形，呈爬行状。螭圆头圆脑，颈上一缕长发披肩，背面饰如意纹。玉璧整体琢磨细致，比例合度，工艺精湛，极富装饰性。

螭，是中国古代神话中龙的子孙。螭龙寓意美好吉祥和男女相爱。灵芝自古为富贵祥瑞之物，象征吉祥如意和祥瑞长寿。此玉璧寓意吉祥如意。

# 透雕寿字玉佩

年代　清代

质地　玉

直径5.7厘米　厚0.4厘米

玉佩为青白玉透雕，圆形薄体，两面雕工，纹饰相同，中心刻『寿』字，周边浮雕蝙蝠纹与鱼形纹。上方有一圆孔，用于佩挂。玉质温润，雕工细腻，简而不凡，线条流畅，整体造型充满匠心。

古有五福捧寿之说，而『寿』乃五福之首，蝙蝠为『福』之谐音，『鱼』则寓意年年有余。此玉佩象征福禄喜寿。

# 贯耳玉壶

年代　清代

质地　玉

高 12.0 厘米　口径 2.4 厘米

腹径 4.8 厘米　底径 2.3 厘米

玉壶由整块白玉雕琢而成，玉质温润晶莹，光滑圆融，造型简洁大方，雕工细腻精湛。

玉壶为圆口、斜肩、扁体、垂腹、圈足，肩上饰贯耳一对。器物颈部饰有如意纹，腹部光洁无纹，应为宫廷显贵之酒具，是身份和地位的象征。唐王昌龄《芙蓉楼送辛渐》诗云：『寒雨连江夜入吴，平明送客楚山孤。洛阳亲友如相问，一片冰心在玉壶。』人们历来将人的美好品德喻为『玉壶』与『冰心』。

# 翠耳环

年代 清代
质地 玉
直径 2.5 厘米 厚 0.2 厘米

用白绿相间翠琢制，雕工细腻，呈圆形，中心钻孔。翠白中闪绿，剔透晶莹。

耳环是戴在耳垂上的环形饰物，早期耳环形制巨大，佩戴不方便，渐被形制小巧的玉环所代替。清中晚期的翠耳饰较多，图案以吉祥如意纹饰为主，雕工以浮雕、透雕相结合，尤以雕工精巧取胜。此翠耳环蕴含『团团圆圆』之寓意。

# 翠头银簪

年代　清代

质地　玉

长19.8厘米　翠饰直径1.8厘米

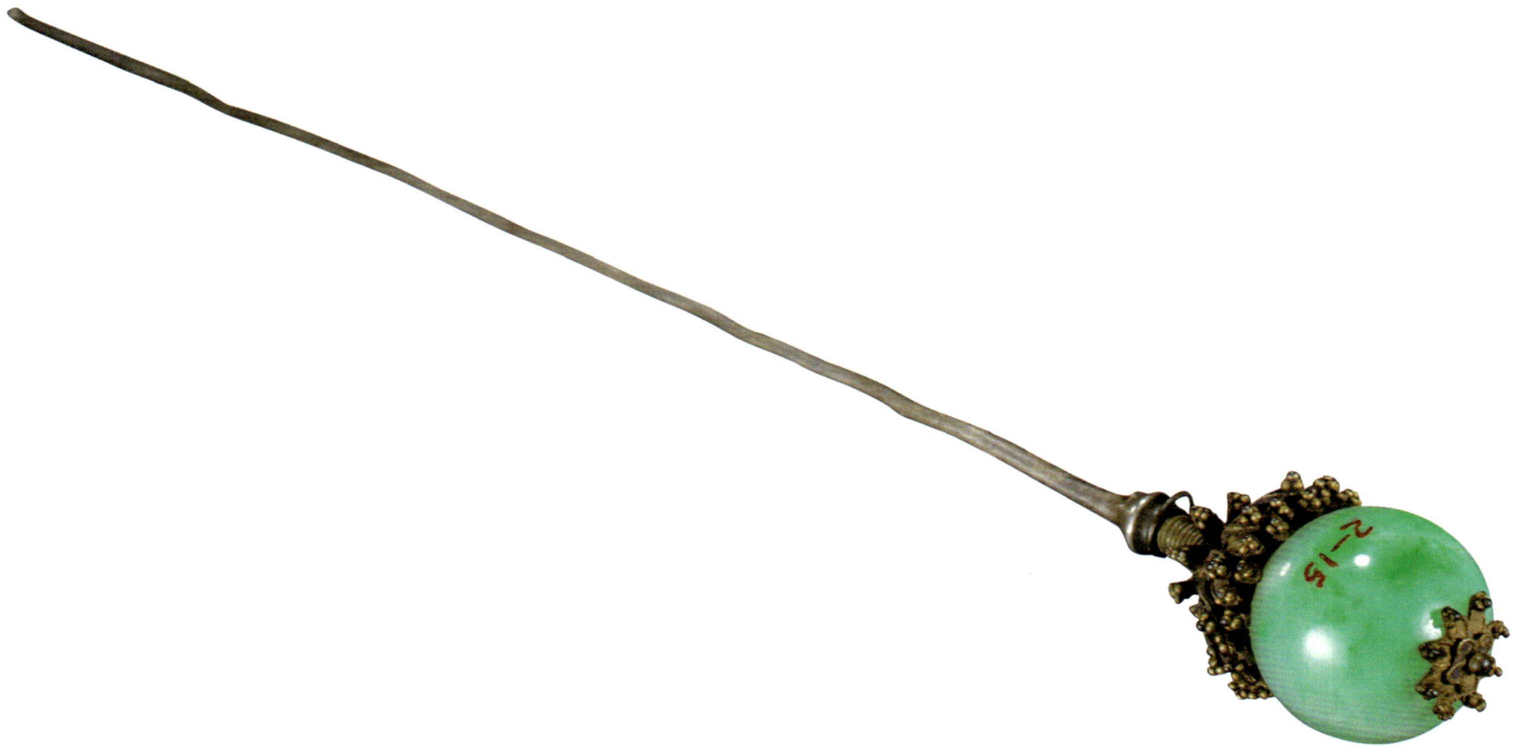

用翠和银制成，簪头为翠配银花托，簪身为纯银。

簪是古代妇女发型中最基础的固定和装饰工具，是由用来绾定发髻或冠的笄发展而来的。一般用金属、兽骨、玉石等材料制成，多镶嵌珠宝。《后汉书·舆服志》有『黄金龙首衔白珠，鱼须擿，长一尺，为簪珥』的记载。

# 翠玉鱼形带钩

年代 清代

质地 玉

长6.8厘米 宽2.5厘米 厚1.2厘米

翠玉质，鱼形。鱼侧卧，带钩正面雕刻出鱼眼、鱼鳞、鱼尾，侧面雕刻鱼嘴、脊鳍、腹鳍，背面雕刻出一圆形、长方形两个扣钮。

早在商代，玉佩中就有了鱼的造型。因为鱼形寓意美好，唐代规定五品以上官员都须佩戴鲤鱼形饰品『鱼符』于腰部『以明贵贱』，后宋明各代一直延续此规定。此鱼形带钩有『年年有余』『吉庆有余』之寓意。

# 周岁祝福翠锁

年代　清代

质地　玉

长7.5厘米　宽5.4厘米　厚0.5厘米

锁由翠料雕制，扁平状，长方形，圆角。玉面雕刻篆体『万寿福禄』四字，上面两侧为如意云头纹，周边均刻卷云纹。整体构图对称，繁华而不失稳实。

此锁是长辈为祝福儿童满周岁时所赠送的礼物，寓意福禄吉祥、健康长寿。

# 竹兰纹玉牌

年代　清代

质地　玉

长 21.7 厘米　宽 17.3 厘米　厚 1.0 厘米

青玉，玉质坚硬，有玻璃光泽。器物呈长方形，正反面各阴刻一株竹花和一朵兰花在风中摇曳，四周边缘阴刻连续回纹。

竹花和兰花象征着文人的清高、风骨、气节、文雅。此玉牌寓意君子德泽，高雅脱俗。

# 玉扳指

年代　清代

质地　玉

高 2.6 厘米　直径 3.0 厘米

青白玉，温润细腻，呈扁圆柱形，有裂痕，外圈琢有篆书『君子和平、永保吉祥』八字。

扳指，起源于商代，流行于春秋战国，是射箭时戴在中指便于拉弓弦的一种护手工具。千百年来，从当初的实用器发展成为赏玩的对象，小小的玉扳指，记录了中华文化的源远流长。此玉扳指寓意愿世界永葆和平。

# 玉蝴蝶纹扳指

年代　清代

质地　玉

高 2.2 厘米　直径 3.1 厘米

青白玉琢制。扳指外圈利用天然俏色工艺巧妙雕刻了两只蝴蝶，整体工艺精湛，富于层次感。

蝴蝶是生活美满、富贵吉祥的象征。用蝴蝶做装饰，表达了人们心中美好的向往和祝愿。此扳指有『吉祥美好』之寓意。

# 鼻烟壶部分

明朝万历九年（公元 1581 年），意大利传教士利玛窦不远万里来中国传教，他将鼻烟作为提神醒脑、活血化瘀的防疫药品带到中国。这种嗅闻后产生刺激和快感的药物，很受朝廷官僚的欢迎。可是，当时的鼻烟全部用大玻璃瓶盛装，携带和吸食非常不便。为了能够随时吸食，人们常把鼻烟放在盛药的小瓶中。进入清朝，吸食鼻烟之风大起，皇帝王公、黎民百姓，人手一瓶，争相吸食，遂出现了为盛装鼻烟而专门制作的鼻烟壶。从此，鼻烟和鼻烟壶联袂携手，相得益彰，不仅成为帝王喜爱的一种生活用品，而且成为外交活动中频繁使用的重要礼物。

科尔沁蒙古部与满清世代联姻，情同手足，且文化上互相交融，于是吸食鼻烟、欣赏烟壶的新时尚便迅速传播到科尔沁草原。一时间，蒙古王爷、贝勒、贝子及寺院喇嘛等都尽情吸食鼻烟和把玩烟壶，以至于拥有一只材、艺俱佳的烟壶，成为身份高贵的象征。后来，这种吸食鼻烟和把玩烟壶的风气，又逐渐蔓延到普通牧民。乾隆中期，鼻烟壶制作艺术达到巅峰，玉石、玛瑙、翡翠、琉璃、陶瓷等材质纷杂；琢碾、彩绘、内画、雕漆等工艺变化无穷；扇形、方形、葫芦形、瓶形、荷包形、桃形、人物形等式样繁多。烟壶虽小，天地广阔。

# 一、玉质烟壶

## 白玉鼻烟壶

年代　清代

质地　玉

通高5.5厘米　口径2.0厘米

底长2.2厘米　底宽1.1厘米

由和田白玉琢制，平唇，溜肩，扁圆腹，腹部两侧精雕兽面双铺耳，假圈足，无盖。其玉质温润，光洁晶莹。体态丰厚匀称，大气规整，掏膛细腻。

铺首大多为兽首衔环之状，是传统建筑门扉上的环形饰物，含有驱邪的意义。最早见于商周铜饰上，汉代寺庙多装饰铺首。民间则广泛应用于门扉上，以求神灵保佑，后来又逐渐用在缸、瓶、罐、壶等生活用品中。

# 葫芦形玉烟壶

年代　清代
质地　玉
高 6.0 厘米　宽 5.0 厘米　内口径 1.5 厘米

青白玉琢制，玉质温润，呈葫芦形。素面，平底，无盖。『葫芦』与『福禄』谐音，寓意吉祥，也是传说中神仙手中的宝物。

鼻烟壶为盛鼻烟的容器，小可手握，便于携带。明末清初，鼻烟传入中国，渐渐被东方化，遂产生了鼻烟壶。现在人们使用鼻烟的习惯几近绝迹，但鼻烟壶作为一种精美艺术品流传下来，且长盛不衰。

素面鼻烟壶大多为乾隆、嘉庆年间作品，主要表现玉色之美。

# 刻花玉鼻烟壶

年代　清代
质地　玉
高 5.5 厘米　底长 2.2 厘米
底宽 1.4 厘米　内径 2.0 厘米

由青白玉琢制，玉质温润。扁圆腹，溜肩，平底，无盖。壶身浮雕竹叶、蜻蜓、蝴蝶、鸟等纹饰。壶两侧雕兽面双铺耳。整体图案为一蜻蜓落在竹叶上，竹叶及蜻蜓、蝴蝶、鸟纹理清晰。画面取意自然，生动逼真，富于生活情趣，极易使人触物生情，可见作者匠心。

由于玉的硬度较高，因此在制作鼻烟壶时，需要特殊的工具和方法，其加工过程大致有选料、画样、锯料、做坯、钉钻、做细、光玉、刻款等若干工序。

玉鼻烟壶的最大特点是选料上乘、制作精良、造型丰富。

# 玉嵌珊瑚葫芦形鼻烟壶

年代　清代

质地　玉

高 5.0 厘米　最大宽度 3.7 厘米

腹径 3.7 厘米　内径 1.9 厘米

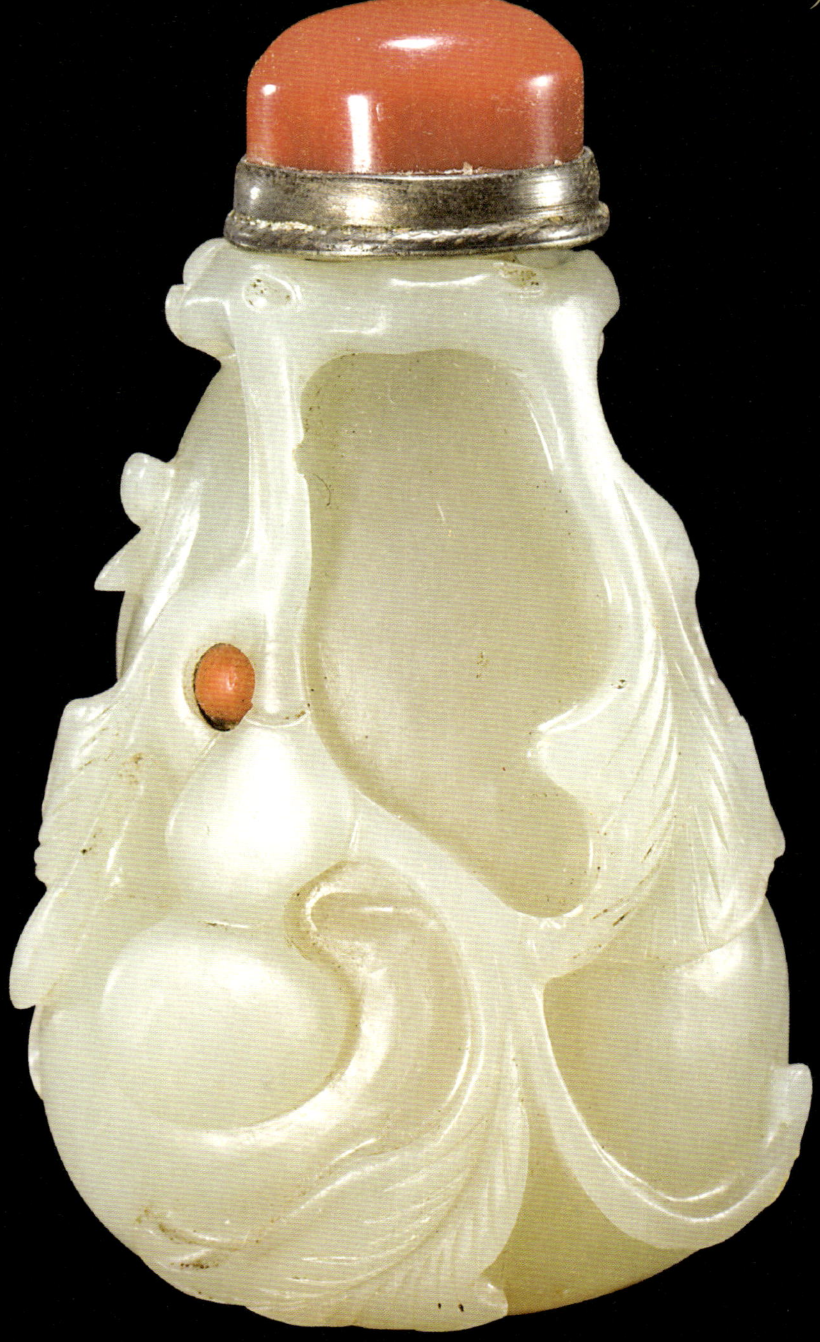

青白玉琢制，呈葫芦状，铜鎏金嵌红珊瑚圆弧盖，平底。玉质细白温润，有玻璃光泽。壶体浮雕一株缠绕着的藤蔓，上结三只小葫芦，果叶疏密得体，纹路清晰，充满盎然生机。在小葫芦与枝蔓相接的葫芦蒂部位，采用传统『嵌宝』工艺，各镶嵌一粒珊瑚，新颖别致。综观全器，造形纤巧，雕琢精细，显示出锋棱与圆润的和谐之美，令人赏心悦目。

玉壶冰心

# 葫芦形玉鼻烟壶

年代　清代

质地　玉

通高6.0厘米　口径1.2厘米　底径1.5厘米

由和田白玉雕制，呈葫芦形。玉质温润光净，洁白无瑕。壶身环刻葫芦纹样，浮雕的藤上结小葫芦，果实饱满圆润，藤蔓袅袅婷婷，叶片翻卷自如，满壁枝蔓次第有序。整体可见，雕琢繁简得当，生动灵活，打磨工艺精湛老道，造型雍容华贵，堪称烟壶中之精品。

葫芦寓有『福禄』之意。《诗·大雅·绵》『绵绵瓜瓞，民之初生』中的瓜，即葫芦，因此，葫芦是祝愿子孙昌盛、兴旺发达的吉祥物。又因葫芦外形像『吉』字，又名『大吉瓶』，寓意大吉大利。葫芦的蔓带与『万代』谐音，寓意江山万代，永享太平。千百年来，葫芦作为一种吉祥物和观赏品，在文化艺术品中拥有非凡地位。

# 葫芦形玉鼻烟壶

年代　清代

质地　玉

高6.3厘米　宽3.1厘米　口径1.5厘米

由和田白玉雕琢而成，呈葫芦状，由上下两个扁圆球体组成，撇口，束颈，腹部略鼓，平底。壶身琢磨有度，通体素面。玉质洁白无瑕，立意美好高远，造型端庄秀雅，工艺古朴自然。

葫芦，谐音「福禄」，是神仙手中之宝。又因葫芦多产多子，被人们视为「多子多福」「子孙万代」的象征，所以，其纹饰多雕刻在文玩雅物之上。葫芦器型自元代青花器开始流传，历明清两代不衰，这与葫芦之藤蔓绵延，结实累累，籽粒繁多，万代绵长的寓意有关。

清代乾隆时期的玉器提倡「良材不琢」，即以玉的优良质地取胜，通体光素不加修饰。这种琢玉的风格也体现在了玉质鼻烟壶的制作上。此烟壶可谓「良材不琢」的典型作品。

# 蝙蝠葫芦形烟壶

年代　清代

质地　玉

高 5.2 厘米　口径 0.7 厘米

底长 1.4 厘米　底宽 0.7 厘米

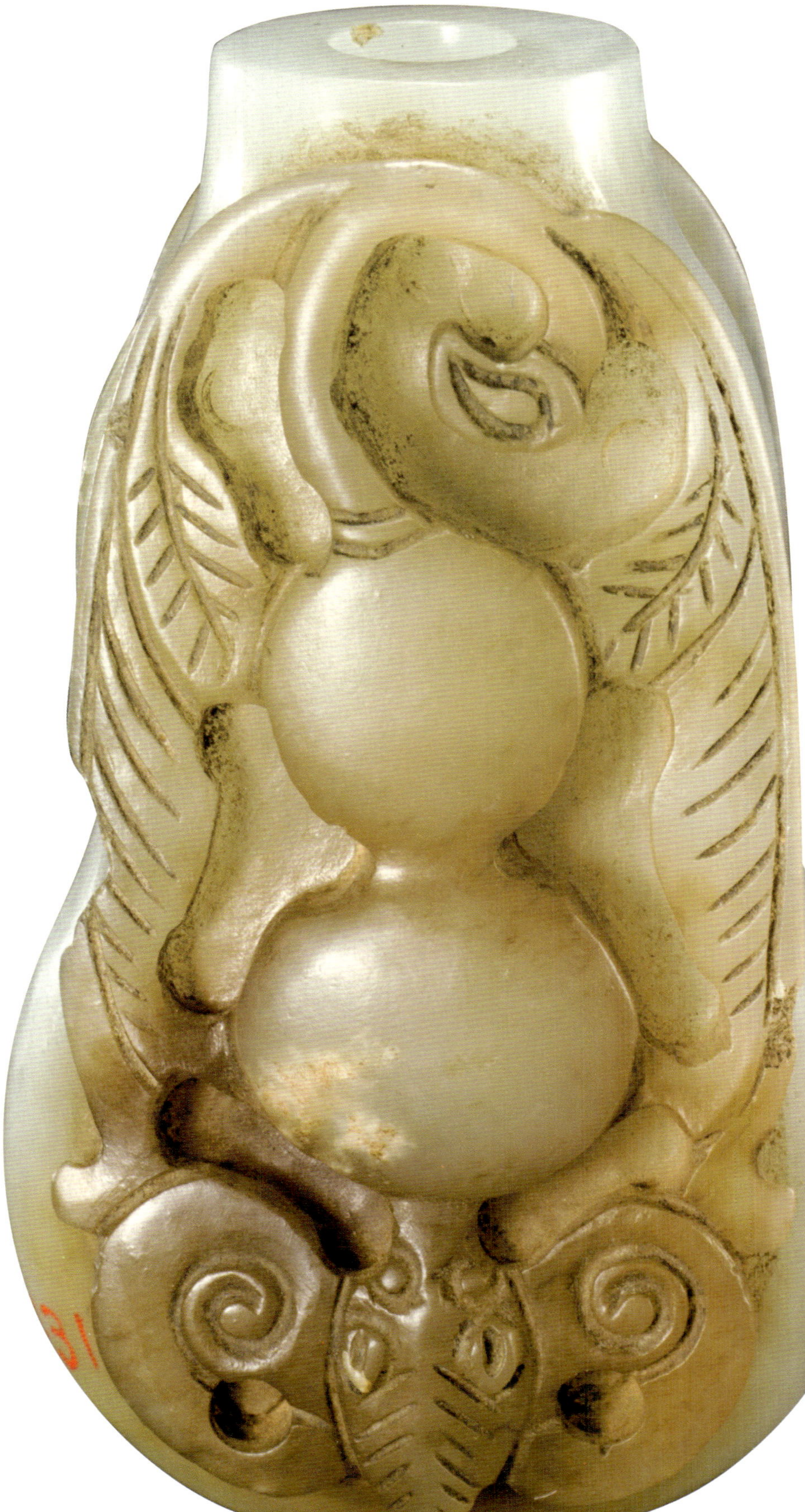

由青白玉琢制，呈葫芦状，平底，直口微收，无盖。腹部浮雕葫芦与蝙蝠。雕刻工艺精湛古朴。

葫芦寓意『福禄』，蝙蝠寓意『幸福』，所以此壶的寓意是福禄与幸福。

# 蝉形玉鼻烟壶

年代　清代
质地　玉
高7.3厘米　宽4.2厘米
口径0.6厘米　厚2.9厘米

由青白玉琢制，无盖。整体造型为一蝉静伏在两片树叶遮掩的树枝上，枝叶及蝉翅纹理清晰，生动逼真，富于生活情趣。

蝉形玉器在新石器时代就已出现，商代至战国墓葬中常有出土，多为悬挂佩戴的装饰品。汉代以来，以蝉的羽化比喻人能重生，将玉蝉放入死者口中称作含蝉，寓精神不死，再生复活。唐朝诗人虞世南《蝉》：『垂緌饮清露，流响出疏桐。居高声自远，非是藉秋风。』将蝉的含气饮露、黍稷不享、守节守信、绝尘脱俗的品格一语道破。因此，将蝉的形象做成鼻烟壶，象征着人们追求高洁清廉的境界。

# 玉鼻烟壶

年代　清代

质地　玉

高 10.06 厘米　宽 7.0 厘米

厚 3.0 厘米

白玉琢制，玉质细腻润泽，如膏似脂。溜肩，扁圆腹，假圈足，壶身通体素面，铜鎏金嵌珊瑚松石圆弧盖。其工艺严谨，琢磨老道，造型古朴。

素面无雕工鼻烟壶大多为乾隆、嘉庆年间作品，主要表现玉色之美。

# 白玉鼻烟壶

年代 清代

质地 玉

高 10.0 厘米 宽 6.7 厘米

底长 4.6 厘米 宽 2.9 厘米

由和田白玉琢制，玉质细腻润泽。溜肩，扁圆腹，假圈足，素面，铜鎏金嵌珊瑚松石圆弧盖。

此壶素洁精良，器型小巧秀美，玲珑可爱，实为鼻烟壶之上品。

# 白玉刻字鼻烟壶

年代　清代

质地　玉

高 5.5 厘米　口径 1.5 厘米　底径 1.8 厘米

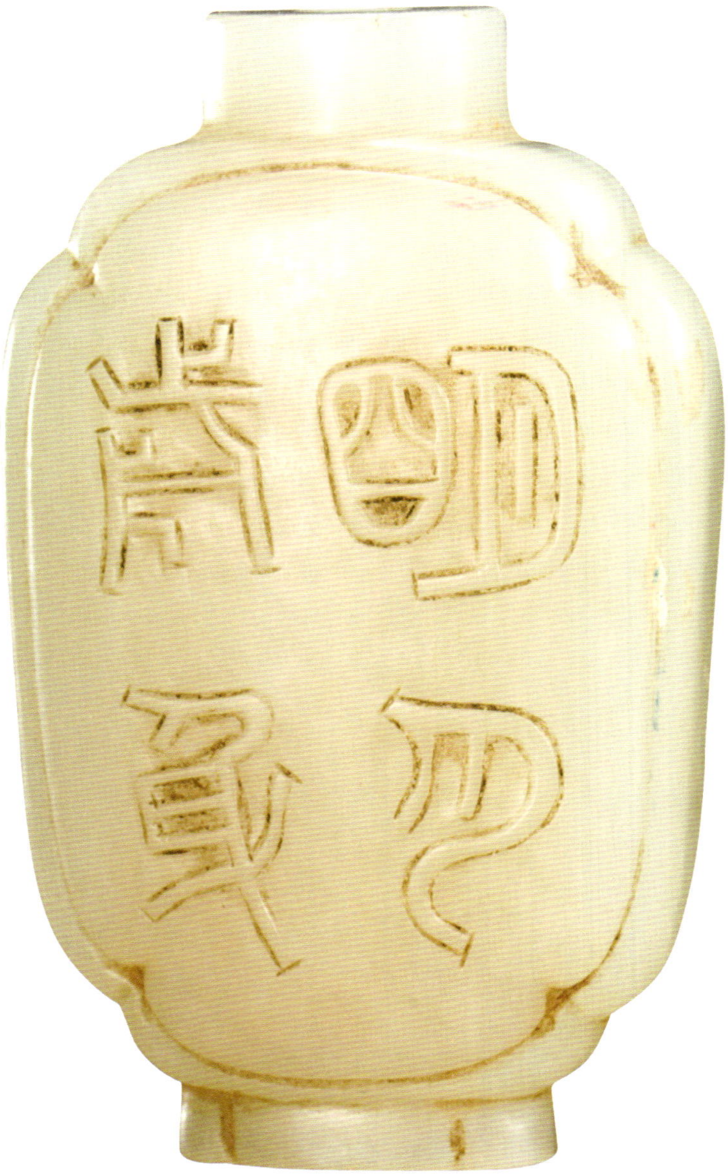

烟壶玉质温润，光洁晶莹。瓶体入手轻盈，可见掏膛之薄。一面篆刻『流水今日』，另一面篆刻『明月前身』。其制作工艺精美，不仅是实用器，也是一件名贵的艺术品。

『流水今日，明月前身』，出自晚唐司空图《二十四诗品·洗练》，其意为：今日如流水般洁净，皆因纯净皎洁的明月是吾前身也。反映了作者道家、玄学家的美学思想，也创造了一种物我两忘的美学意境。

白玉鼻烟壶是清代玉器的一部分，出现于清朝雍正时期，常见人物、故事、瓜、果、梨、桃、鱼、蝉、龟等形态各异的壶型，可谓『千种玛瑙万种玉』。它们做工精美，构思巧妙，形式多样，选料上乘，制作精良，造型丰富，还有巧作俏色品种。其发展贯穿了整个清朝历史，涌现出大量的巅峰之作，价值早已超出实用范畴，成为集各类艺术为一炉的珍藏品。

# 白玉铺首纹鼻烟壶

年代　清代

质地　玉

高 8.0 厘米　口径 2.7 厘米

底长 3.3 厘米　底宽 2.8 厘米

烟壶为白玉质，短颈溜肩，扁体圆腹，下承浅圈足，两侧雕瑞兽衔环耳。铜嵌松石圆弧盖。此烟壶造型简朴，琢工精细，线条流畅，朴素无纹，古朴大气。

玉有硬玉、软玉、碧玉、蛇纹石、玉髓等品种，其质地温润、缜密，光泽柔和。东汉著名学者许慎在《说文解字》中说：『玉，石之美有五德者』，对玉的特征和内涵做了典型概括，这种认识，贯穿了整个封建社会。

铺首大多为兽首衔环之状，是传统建筑门扉上的环形饰物，含有驱邪的意义。最早见于商周铜饰上，汉代寺庙多装饰铺首。民间则广泛应用于门扉上，以求神灵保佑，后来又逐渐用在缸、瓶、罐、壶等生活用品上。

# 二、瓷质烟壶

## 书生赶考青花鼻烟壶

年代　清代
质地　瓷
高8.7厘米　宽7.5厘米
底长3.8厘米　底宽2.9厘米

青花，扁圆腹，溜肩，圈足，铜嵌珊瑚圆弧盖。壶身绘一位赶考书生站立桥上，挑夫荷担跟随的场景。可见远处山峰壁立，云雾浮动缥缈，山脚下湖水浩瀚。凉亭、古树、城门、渔夫构成一幅风俗画卷。图中人物姿态生动，形象传神逼真。

烟壶白釉稍泛青，匀净莹润，足底有「乾隆年制」款。从青花发色、图案布局、绘画题材和纹饰等方面看，为典型的清早期作品，其内容反映了下层士人希望通过科举考试博取功名走入宦途的美好意愿。

青花瓷起源于唐宋，繁荣于元朝，明清时期达到鼎盛，是用钴料在胎上绘制纹饰，再施以透明釉，入窑经一千三百摄氏度左右的高温一次烧成的蓝白两色相间的瓷器。

# 青花加紫山水鼻烟壶

年代 清代

质地 瓷

高8.8厘米 宽4.0厘米 底径3.3厘米

青花加紫，直腹，圈足，腹部绘寺院、佛塔、古树，意境宁静优雅。铜嵌红料珠圆弧盖。足内青花款『大清雍正年制』。

青花釉里红，俗称『青花加紫』，是在青花间用铜红加绘纹饰的一种瓷器装饰手法。青花，是指用青花料描绘图案花纹，然后施透明釉，入窑经一千三百摄氏度左右的高温一次烧成的釉下彩。釉里红，是指用铜的氧化物为着色剂配制的彩料，在坯体上描绘纹样，再盖一层青白釉，然后装匣入窑，在一千二百五十摄氏度至一千二百八十摄氏度下使高价铜还原成低价铜，从而呈现娇妍而沉着的红色花纹。

# 青花加紫鼻烟壶

年代　清代

质地　瓷

高8.3厘米　宽4.0厘米　底径3.2厘米

烟壶质地为青花加紫瓷，侈口短颈，丰肩，直腹，圈足，无盖。底款『大清雍正年制』。

腹部绘儿童游戏图，小童天真烂漫，惹人喜爱。孩童头部线条流畅，五官描绘简洁，笔法朴实，展现出嬉戏童子的率真，使人在欣赏中得到快乐。寓意多子多福。

# 青花加紫鼻烟壶

年代　清代

质地　瓷

高 6.2 厘米　口径 1.2 厘米　底长 2.6 厘米

烟壶直口，丰肩，圆腹，圈足，底款『大清雍正年制』。腹部绘制山水人物图，有山，有树，有水，有人物，有居舍，一派清幽闲适的景象。

青花釉里红，俗称『青花加紫』，是在青花间用铜红加绘纹饰的一种瓷器装饰手法。青花，是指用青花料描绘图案花纹，然后施透明釉，入窑经一千三百摄氏度左右的高温一次烧成的釉下彩。釉里红，是指用铜的氧化物为着色剂配制的彩料，在坯体上描绘纹样，再盖一层青白釉，然后装匣入窑，在一千二百五十摄氏度至一千二百八十摄氏度下使高价铜还原成低价铜，从而呈现娇妍而沉着的红色花纹。清雍正时的青花加紫瓷的烧造技艺达到历史高峰。

# 釉里红山水人物鼻烟壶

年代 清代

质地 瓷

高 10.0 厘米 口径 3.0 厘米 底长 4.9 厘米

烟壶质地为釉里红瓷，平口，丰肩，弧腹，圈足，无盖。腹部绘『赶考图』，底款『大清乾隆年制』。在清朝，欲博取功名利禄出仕为官，必须进京考试，这在交通不发达、资讯不完备的清代，是一件很艰苦的事。无论是骑马、骑驴，还是乘船，都需花费几十天的时间。千里迢迢、跋山涉水，看似浪漫，其实是一段苦旅。此壶寓意千里赶考，苦尽甘来，金榜题名。

# 青花加紫鹿纹鼻烟壶

年代 清代

质地 瓷

高6.0厘米 宽3.9厘米 底长2.5厘米

烟壶质地为青花加紫瓷，侈口短颈，丰肩，弧腹，圈足，无盖。底款「大清乾隆年制」。

腹部绘松树，松树下一群鹿在悠闲漫步、觅食。「鹿」与「禄」谐音，喻指俸禄、高官厚禄等。古乐府《孔雀东南飞》：「儿已薄禄相，幸复得此妇」，可见，「鹿」中又含「福」的寓意。松树，在这里有「书」的象征意义，即「古树」有「古书」的寓意。所以，「松鹿图」既是美好的图画，也是一种无字的劝勉，其「味」在画面之外。在中国封建社会里，把「鹿」和「松」「柏」画在一起的图画，较为流行，特别是清代，儒者书生之家常把它悬挂壁上，给予自己含蓄的祝福。

# 青花加紫人物故事鼻烟壶

年代　清代
质地　瓷
高6.7厘米　宽4.4厘米　底长2.5厘米

烟壶质地为青花加紫瓷，唇口，溜肩，弧腹，圈足，无盖。底款『大清道光年制』。腹部绘庭院、人物，构图舒朗，线条流畅，笔法简练，人物形态逼真，活灵活现。此壶工艺高超，器形规整，釉水莹润，青花发色靓丽。此为晚清青花加紫烟壶的精品。

# 青花鼻烟壶

年代　清代

质地　瓷

高 7.5 厘米　口径 1.7 厘米

底长 2.6 厘米　底宽 1.7 厘米

烟壶质地为青花瓷，平口，溜肩，扁圆腹，圈足。底款『乾隆年制』。壶身所绘图案为荷叶中站立着一只仙鹤，姿态生动，形象传神。仙鹤，是充满灵性的鸟类，始终是圣洁、高雅和长寿的象征。

此烟壶白釉稍泛青，匀净莹润。无论青花发色、图案布局，还是绘画题材和纹饰，都具有清早期典型作品的特色。

# 青花鼻烟壶

年代 清代

质地 瓷

高7.2厘米 口径1.8厘米

底长2.7厘米 底宽1.7厘米

烟壶质地为青花瓷，釉色白润。平口，溜肩，扁圆腹，圈足，铜鎏金圆弧盖。底款『乾隆年制』。

壶身绘祥云纹，中间绘蜿蜒舞动的龙纹。龙的形态是『蛇体形』，身体像蛇，有鳞片，张目，有肢有爪，上下额长。釉质滋润，青花发色艳丽。

龙是古人将鱼、鳄、蛇、猪、马、牛等动物和云、雷电、虹等自然天象模糊集合而产生的一种神物，因此，龙常被称为『鳞族之长』『众兽之君』，从古到今也一直是中华民族的图腾，是中华民族精神的体现，也是中国传统文化中权势、高贵、尊荣的象征及幸运、成功的标志。

# 青花加紫鼻烟壶

年代　清代

质地　瓷

高6.5厘米　口径5.2厘米

底长3.3厘米

青花加紫，唇口，丰肩，弧腹，圈足，铜镶红珊瑚圆弧盖。腹部绘有山水群兽图。

青花釉里红，俗称『青花加紫』，是在青花间用釉里红加绘纹饰的一种瓷器装饰手法。釉里红是我国的传统釉下彩装饰之一，它是用铜作着色剂的色料在坯体上描绘各种纹样，然后施透明釉，经过高温还原烧成，在釉里透出红色的纹样，故称『釉里红』。因烧成合格品很困难，故其产品极为名贵。釉里红有单独装饰的，但大多数与青花结合在一起进行装饰，因此称为『青花釉里红』。其特点既有青花的『幽靓雅致，沉静安定』的特色，又增添了釉里红的浑厚壮丽，丰富了色彩效果，形成了高雅而又朴实的艺术风格。因此，青花釉里红瓷是我国瓷器中珍贵的品种之一。

# 彩雕八仙人物鼻烟壶

年代 清代

质地 瓷

通高 7.8 厘米 口径 1.9 厘米

腹径 5.6 厘米 底径 1.9 厘米 厚 4.0 厘米

鼻烟壶为瓷质，溜肩，扁圆腹，铜嵌红料珠圆弧盖。壶身雕刻八仙人物，每仙造型不同，神态各异，衣着精雅，色彩艳丽。底朱红篆书款『乾隆年制』。烟壶采用粉彩和浮雕工艺，雕工娴熟，线条流畅，工艺精湛，构图和谐。

『八仙过海』为道教掌故，『八仙』即八位神仙人物。传说中，八仙随身携带的法器各有妙用，铁拐李有铁杖及葫芦，汉钟离有芭蕉扇，张果老有纸叠驴和鱼鼓，蓝采和有花篮，何仙姑有荷花，吕洞宾有长剑，韩湘子有箫，曹国舅有玉板。

在瓷胎上施以雕塑工艺叫雕瓷，按制作方法可分圆雕、浮雕、镂雕、捏雕等数种，按成品可分素雕和彩雕两种。彩雕作品纹饰塑于壶身，多为人物及花草虫等，其色彩艳丽，雕工精细，构图不俗，体现了中国手工匠人的创作意趣。此烟壶属彩雕精品。

# 粉彩雕八仙人物鼻烟壶

年代　清代
质地　瓷
高 7.0 厘米　宽 2.3 厘米
口径 2.0 厘米　底径 1.8 厘米

烟壶质地为瓷，侈口短颈，溜肩，扁圆腹，圈足。底款朱印『乾隆年制』。腹部浮雕八仙过海图，八仙神态各异，造型各不相同，每仙姿态、神情、衣着、色彩皆精雅艳丽。

『八仙过海』，为道教掌故之一。『八仙』一般是指铁拐李、汉钟离、张果老、蓝采和、何仙姑、吕洞宾、韩湘子、曹国舅等八位神仙人物。相传八仙过海时不用舟船，各有一套法术，因此，民间有『八仙过海，各显神通』的谚语，比喻各自拿出本领争取竞赛夺魁。

粉彩瓷器创制于清康熙晚期，是釉上彩的一种，因彩料中含有『玻璃白』粉而得名，又因色彩柔和淡雅而称软彩。

# 青花鼻烟壶

年代 清代

质地 瓷

高 8.0 厘米 口径 1.9 厘米

底长 3.1 厘米 底宽 2.1 厘米

烟壶质地为青花加紫瓷，直口，溜肩，扁圆腹，圈足。腹部两侧有兽面双铺耳。底款『乾隆年制』。

壶身绘祥云纹，中间绘蜿蜒舞动的龙纹。龙的形态是『蛇体形』，身体像蛇，有鳞片，张目，有肢有爪，上下额长。釉质滋润，青花发色艳丽。龙在中国传统文化中是权势、高贵、尊荣的象征，也是幸运与成功的标志。

# 青花加紫鼻烟壶

年代 清代

质地 瓷

高9.0厘米 口径1.8厘米

底径3.2厘米

烟壶质地为青花加紫瓷，侈口短颈，丰肩，直腹，圈足，无盖。底款『大清康熙年制』。腹部绘人物楼阁图，一女子穿宽袖长袍，云髻高耸，抱子倚桥栏回首张望。一男子身穿圆领宽袖长袍，头戴高翘帽，双臂侧伸作请引状。

此烟壶釉色偏白，画面上人物、楼阁多先以细笔勾勒轮廓，再在所勾勒的轮廓内加绘青花或釉里红。画工精细，生活情趣浓厚。

# 青花鼻烟壶

年代 清代
质地 瓷
高 7.0 厘米 宽 3.9 厘米 底径 2.4 厘米

烟壶质地为青花瓷，侈口短颈，溜肩，弧腹，圈足。底款『大清雍正年制』。腹部一面绘清兵入关图，画中人物戴清朝官帽，在马背上喜笑颜开。另一面绘德胜门内一明朝投降官吏，头戴官帽，双手拢袖站立于台阶，微微躬身媚笑，呈欢迎状。

青花瓷是用钴料在胎上绘制纹饰，再施以透明釉，入窑经一千三百摄氏度左右的高温一次烧成的蓝白两色相间的瓷器。它起源于唐宋，繁荣于元，明清时期达到鼎盛。

## 青花加紫鼻烟壶

年代　清代

质地　瓷

高 6.2 厘米　口径 1.6 厘米　底长 2.6 厘米

烟壶质地为青花加紫瓷，平口，溜肩，弧腹，圈足，铜镶红珊瑚珍珠圆弧盖。腹部绘山水戏猴图。底款『雍正年制』。

猴为灵长类动物，聪明、多动、灵巧而善于攀援，并能模仿人类动作，甚至能理解人类的行为，因此，猴子是聪明的象征。由于『猴』与『侯』谐音，所以，在各种装饰图案中，用猴的形象表示封侯的意思。

# 青花加紫海八怪鼻烟壶

年代 清代

质地 瓷

高6.2厘米 宽3.8厘米 底长2.2厘米

烟壶质地为青花加紫瓷，侈口短颈，丰肩，弧腹，圈足。腹部绘海八怪图案，可见马、狮、鱼等各色海兽、鱼类在海中追逐，大海波涛汹涌，海水色彩艳丽。其绘画手法细腻，纹样繁缛复杂，色彩丰富饱满，八怪精灵活现，栩栩如生。

海八怪是古代瓷鼻烟壶、铜器等艺术品上的一种艺术纹饰，寓意吉祥如意。

# 青花鼻烟壶

年代 清代

质地 瓷

高 7.0 厘米 宽 3.6 厘米 底径 2.0 厘米

烟壶质地为青花瓷，侈口短颈，溜肩，弧腹，圈足，无盖，底款『大清乾隆年制』。

烟壶腹部上绘有一群孩童正在嬉戏，每人梳着两条小辫，还有一人踩着高跷，似乎在随音乐节拍跳舞。勾勒出一幅孩童在大自然中尽情玩耍、天真无邪、童趣洋溢的画面，赋予烟壶浓厚的生活情趣。

# 青花鼻烟壶

年代　清代

质地　瓷

高 7.5 厘米　宽 3.9 厘米　底径 2.5 厘米

烟壶质地为青花瓷，侈口短颈，溜肩，弧腹，圈足，无盖。底款『大清雍正年制』。

腹部一面绘清兵入关图，画中人物戴清朝官帽，在马背上喜笑颜开。另一面绘德胜门内一官吏，头戴明朝官帽，双手拢袖站立于台阶，微微躬身媚笑。

雍正、乾隆期间的青花瓷烟壶，其画工比康熙时更工整，题材更广泛，青花发色更纯正。

# 青花鼻烟壶

年代　清代

质地　瓷

高 7.1 厘米　宽 6.5 厘米

底长 2.9 厘米　底宽 1.9 厘米

烟壶质地为青花瓷，仿明造型。直口，溜肩，扁圆腹，圈足。底款为『成化年制』。壶身绘祥云纹和火焰纹，中间绘蜿蜒舞动的龙纹。

龙是古人将鱼、鳄、蛇、猪、马、牛等动物，和云、雷电、虹等自然天象模糊集合而产生的一种神物，常被称为『鳞族之长』『众兽之君』。从古到今，龙一直是中华民族的图腾，也是中华民族精神的体现。

# 青花鼻烟壶

年代 清代

质地 瓷

高 8.4 厘米 宽 8.4 厘米

底长 3.7 厘米 底宽 2.3 厘米

烟壶质地为青花瓷，清仿明『成化款』。直口，溜肩，扁圆腹，圈足。腹部两侧有兽面双铺耳。壶身绘有一群猴子在松树下顽皮嬉戏的场景。

猴为灵长类动物，聪明、多动、灵巧而善于攀援，并能模仿人类动作，甚至能理解人类的行为，因此，猴子是聪明的象征。由于『猴』与『侯』谐音，所以，在各种装饰图案中，用猴的形象表示封侯的意思。

# 青花双龙鼻烟壶

年代 清代

质地 瓷

高7.3厘米 宽6.9厘米

底长2.8厘米 底宽1.7厘米

烟壶质地为青花瓷，釉质滋润，青花发色艳丽。直口，溜肩，扁圆腹，圈足，底款『乾隆年制』。腹部两侧有兽面双铺耳。壶身绘祥云纹和火焰纹，中间绘蜿蜒舞动的龙纹，龙纹气势雄浑，有乾隆风韵。

## 青花双龙鼻烟壶

年代　清代

质地　瓷

高 7.5 厘米　宽 7.1 厘米

底长 3.0 厘米　底宽 2.0 厘米

烟壶质地为青花瓷，平口，溜肩，扁圆腹，圈足，底款『乾隆年制』。腹部两侧有兽面双铺耳。壶身绘祥云纹和火焰纹，中间绘蜿蜒舞动的龙纹，龙纹气势雄浑，有乾隆风韵。

# 青花云龙鼻烟壶

年代　清代
质地　瓷
高 9.3 厘米　宽 7.5 厘米
底长 3.7 厘米　底宽 2.0 厘米

烟壶质地为青花瓷，平口，溜肩，扁圆腹，圈足，铜镶红珊瑚圆弧盖。壶面通体纹饰用蓝料绘制，以龙纹为主，云纹为辅，龙在云间舞动，云绕龙体飘飞。

龙在中国传统文化中是权势、高贵、尊荣的象征，又是幸运与成功的标志。龙的另一个文化象征意义是出类拔萃，不同凡俗。龙是神物，非凡人可比，龙的形象多为皇权的象征。

# 青花加紫鼻烟壶

年代　清代
质地　瓷
高 7.2 厘米　口径 0.9 厘米　底长 2.1 厘米

烟壶质地为青花加紫瓷，丰肩，圈足，直腹，底款『雍正年制』，烟壶腹部绘蝴蝶灵芝之图。

灵芝寓意吉祥如意，蝴蝶象征幸福和爱情。蝴蝶一生只有一个伴侣，是昆虫界忠贞的代表。因此，在中国传统文学里常用双飞的蝴蝶和恋花的蝴蝶比喻甜美的爱情和美满的婚姻。

# 青花鼻烟壶

年代　清代
质地　瓷
高 10.2 厘米　口径 8.0 厘米
底长 3.7 厘米　底宽 2.4 厘米

烟壶质地为青花瓷，扁圆腹，溜肩，圈足，直口，卷草叶形双耳。底款『乾隆年制』。壶身一面绘清军将领手拿红缨枪骑马入关图，另一面绘两个人推车送水的画面。

西直门自元朝开始就是京畿的重要通行关门，明清时为京师内城九门之一，是除正阳门外规模最大的一个城门。另外西直门还是明清两代自玉泉山向皇宫送水的水车必经之门，因此有『水门』之称。

# 青花人物鼻烟壶

年代　清代

质地　瓷

高 6.2 厘米　宽 5.5 厘米

底长 3.2 厘米　底宽 1.9 厘米

烟壶质地为青花瓷，釉色泛白。直口，溜肩，扁圆腹，圈足，两侧堆饰铺首。底款『慎德堂制』。『慎德堂』乃清圆明园内道光帝的一处行宫，可见此壶是御窑产品。

壶身正面绘一人袒胸露腹，衣袖高挽，右手握刀，作剖腹状，有文字曰：『代国公乐公安金藏，金藏京兆人，在太常工籍，睿宗为皇嗣，有诬其异谋者，诏来俊臣问状』，背面文曰：『有子不自明，五藏剖示太常伶，何不先剖俊臣腹，看取心肝如何生，皇嗣免』。《新唐书·安金藏传》载：武则天废太子睿宗皇嗣后，有人诬其有谋反之心，武则天诏手下酷吏来俊臣监察此案。来俊臣天性残忍，滥杀无辜，人人畏之如虎，无人敢为睿宗申辩，唯有乐师安金藏剖自腹以明睿宗无罪。武则天闻后大震，叹曰：『吾有子不能自明，不如尔之忠也。』安金藏的义举使睿宗幸免于难，武则天遂封安金藏为代国公，其忠烈之举为后世传颂。

# 青花鼻烟壶

年代　清代
质地　瓷
高 8.6 厘米　宽 8.1 厘米
底长 3.7 厘米　底宽 2.4 厘米

烟壶质地为青花瓷，釉色白润。直口，溜肩，扁圆腹，圈足，卷草叶形双耳，壶底书『顺治年制』，楷书青花款。此壶画意生动，色调清淡柔和，笔触流畅，具有清代早期青花瓷的特点。

壶面为童戏图案。九童一组的画面上，有一大瓮置于其中，瓮中倒置一童，仅见双足，瓮旁一童右手高举石头，作击瓮状，瓮腹绘一裂洞，水流如注，其余小童形态及面目神情各异，围于四周惊望。此乃见于《宋人轶事汇编》中宋代名臣司马光的一则典故，即人们熟知的『司马光砸缸』。

## 雕瓷狮子鼻烟壶

年代　清代

质地　瓷

高 7.0 厘米　口径 1.7 厘米

底长 2.0 厘米　底宽 1.2 厘米

雕花骨瓷，饰红彩，扁圆腹，溜肩，圈足。肩部浮雕卷云纹，口沿饰回文，腹部镂雕群狮戏耍图。铜嵌玛瑙圆弧盖。此壶雕刻手法细腻，线条流畅，不失为乾隆朝瓷质鼻烟壶中的上乘之作。

雕瓷鼻烟壶是瓷鼻烟壶中的一个品类，有素雕，有彩雕。从传世作品来看，雕瓷鼻烟壶在乾隆时期已经出现，嘉庆、道光以后，雕瓷尤为时兴，雕瓷鼻烟壶也逐渐增多。素雕作品一般上一道釉，如浅黄、淡绿等，胎质较粗，偶有砂点。彩雕作品多雕人物及花草虫等，纹饰塑于壶身，大都色彩艳丽，雕工精细，构图不俗。雕瓷镂空工艺不但要求工匠有犀利的眼光和极强的对称感，还需要极大的耐心，因为要一点一点做出来，一个小小的镂空鼻烟壶一般需要数月时间。

2-213

# 白瓷雕狮鼻烟壶

年代 清代
质地 瓷
高7.7厘米

白瓷，胎釉细白。扁圆腹，壶身上宽下敛，形体挺拔，规整严谨。肩部浮雕卷云纹，腹部镂雕群狮戏耍图，狮子或互相嬉戏，或弄彩球，姿态各异，足底书『嘉庆年制』款。

雕瓷鼻烟壶是指用刀具在鼻烟壶的瓷胎上根据需要雕刻花纹，其特点是着力大，线条深，生动活泼，立体感强。这种制瓷新工艺，兴于清乾隆时期，盛于道光、同治年间。当时，景德镇雕瓷名家作品以浮雕、镂雕为主，所雕之纹饰有山水、人物、草虫、花卉及云龙等。图案深入浅出，刀法准确，线条流畅，精细入微，给日趋衰落的清代制瓷业注入了新的活力。

2-228

# 青花加紫人物故事鼻烟壶

年代　清代
质地　瓷
高 12.9 厘米　口径 2.7 厘米
腹径 5.5 厘米　底径 4.7 厘米

烟壶质地为青花加紫瓷，唇口，短颈，筒式腹，圈足，足内白釉无款，器物规整。通体以青花釉里红为饰，腹部下方绘《西游记》盘丝洞故事，一面为唐僧被蜘蛛精掠入洞中，欲迫其与洞主成婚的场面；另一面为孙悟空腾云驾雾，与八戒、沙僧焦急地寻找师父的场景。整个画面笔法简练，人物鲜活，色彩艳丽，构图舒朗，线条流畅，釉水莹润，青花发色靓丽，人物绘画活灵活现，为晚清青花加紫鼻烟壶的典型。

# 青花鼻烟壶

年代　清代

质地　瓷

高 10.3 厘米

此壶胎质洁白细腻，釉质滋润肥厚，青花发色艳丽，画意生动，色调清淡柔和，笔触流畅。壶身绘司马光砸缸图，小童纯朴率真，稚态可掬，有入画临境之感，富有浓厚的生活情趣。

司马光砸缸的故事在中国可谓家喻户晓，也是瓷器、玉器装饰上常见的题材。《宋史·列传》：『司马光，字君实，陕州夏县人也。父池，天章阁待制。光生七岁，凛然如成人，闻讲《左氏春秋》，爱之，退为家人讲，即了其大指。自是手不释书，至不知饥渴寒暑。群儿戏于庭，一儿登瓮，足跌没水中，众皆弃去，光持石击瓮破之，水迸，儿得活。』

此壶为清乾隆时期的作品。乾隆时期的瓷质鼻烟壶较康熙、雍正时期变化显著。造型在原有的直筒式、扁瓶式基础上，烧造了许多方形、圆形、仿生的、浮雕的鼻烟壶，样式愈加新奇，打破了传统鼻烟壶造型的限制，有时甚至忽略实用功能，仅作为观赏、把玩之用。

# 三、玛瑙烟壶

## 玛瑙鼻烟壶

年代　清代

质地　玛瑙

高7.1厘米　口径2.8厘米

底长4.4厘米　底宽2.3厘米

烟壶质地为浅褐色玛瑙，天然俏色。平口，溜肩，扁圆腹，假圈足，无盖，壶身素面，腹部两侧浮雕兽面双铺耳。

玛瑙有缠丝玛瑙、冰糖玛瑙等很多品种，有些玛瑙本身纹理很美，匠人们为突出这些纹理美，往往制成素面鼻烟壶。又为了不过于单调，在造型上做各种变化。此烟壶即是典型的玛瑙素面烟壶。

# 水草玛瑙鼻烟壶

年代 清代
质地 玛瑙
高 7.6 厘米 底宽 2.0 厘米
底长 3.8 厘米 口径 2.3 厘米

烟壶为玛瑙琢制，平口，扁圆腹，假圈足，双铺耳，铜镶红珊瑚圆弧盖。壶身利用玛瑙天然水草纹的俏色，展现了一幅淡黄墨绿相间、朦胧如诗的山水画卷。

铺首是传统建筑门扉上的环形饰物，用以驱妖避邪。后来人们在缸、瓶、罐、壶等生活器皿的肩、腹部位堆贴铺首以代双耳。

## 玛瑙浮雕烟壶

年代　清代

质地　玛瑙

高 9.7 厘米　宽 6.2 厘米　底长 4.4 厘米

烟壶质地为黄褐色玛瑙，平口，溜肩，扁圆腹，假圈足，铜鎏金嵌红珊瑚松石圆弧盖。腹部利用天然俏色巧雕山水人物，雕工精巧，画面精美。

玛瑙鼻烟壶最早为清乾隆年间制品，但使用和把玩的人较少。后来，由于清嘉庆、道光以后白玉原料日益减少，玛瑙遂成为玉石类鼻烟壶的主流品种。

# 玛瑙鼻烟壶

年代　清代

质地　玛瑙

高 8.4 厘米　口径 2.5 厘米

底长 4.2 厘米　底宽 2.6 厘米

烟壶质地为浅褐色斑点玛瑙，平口，溜肩，扁圆腹，假圈足，壶身为素面，有天然俏色。腹部两侧精雕兽面双铺耳。

玛瑙有缠丝玛瑙、冰糖玛瑙等很多品种，有些玛瑙本身纹理很美，匠人们为突出这些纹理美，往往制成素面鼻烟壶。又为了不过于单调，在造型上做各种变化。此烟壶即典型的玛瑙素面烟壶。

# 玛瑙鼻烟壶

年代　清代

质地　玛瑙

高 9.9 厘米　口径 2.8 厘米　底径 4.6 厘米

烟壶质地为黄褐色斑点玛瑙，平口，溜肩，扁圆腹，假圈足，铜鎏金镶红珊瑚圆弧盖。壶身素面，腹部两侧精雕兽面双铺耳。

在清代，玛瑙鼻烟壶深得蒙古族、满族等北方游牧民族的喜爱。由于北方人性格豪爽质朴，故而鼻烟壶形体较大，并以素面为多。

# 玛瑙鼻烟壶

年代　清代
质地　玛瑙
高5.1厘米　口径1.6厘米
底长2.7厘米　底宽1.2厘米

烟壶质地为黄白玛瑙，溜肩，扁圆腹，假圈足。壶身一面有一块天然俏色，下面巧雕狮纹；另一面巧雕荷花和翠鸟纹。荷花，花中君子，象征着圣洁、清廉、吉祥、爱情和友情。荷花与翠鸟相配，寓意花开富贵，凤鸣吉祥。

在玛瑙类烟壶中，这种利用玛瑙本身『天然图案』制成的烟壶为俏色烟壶。聪明的匠人根据玛瑙材质内的多彩性黑色斑点而自然组成图画，呈现出山水、人物、草虫、动物等景观，形同泼墨写意。这种随势取形，自然成景的画面，比人工绘成的更富韵味。

# 玛瑙鼻烟壶

年代　清代
质地　玛瑙
高 3.9 厘米　宽 3.2 厘米
口径 0.3 厘米　底径 2.5 厘米

烟壶质地为红褐色玛瑙，平口，溜肩，扁圆腹，假圈足，无盖，壶身为素面，其中一面有天然俏色，腹部两侧浮雕兽面双铺耳。

玛瑙属于石英类矿物，质地半透明，有玻璃样光泽。其颜色有白、红、黑、绿、紫、酱黄、蓝等或杂色，带天然纹理，因此，特别适合制作鼻烟壶，也正是玛瑙这种柔润的特性和五彩斑斓的色彩，为鼻烟壶制作开辟了广阔的天地。

# 玛瑙鼻烟壶

年代　清代

质地　玛瑙

高 5.8 厘米　口径 2.1 厘米

底长 3.5 厘米　底宽 1.7 厘米

烟壶质地为浅褐色玛瑙，平口，溜肩，扁圆腹，假圈足，无盖，壶身为素面有天然俏色，腹部两侧浮雕兽面双铺耳。此壶呈现出玛瑙的自然纹理，剔透圆润，富于美感。

# 玛瑙鼻烟壶

年代 清代

质地 玛瑙

高 9.0 厘米 口径 2.6 厘米

底长 4.6 厘米 底宽 2.6 厘米

烟壶质地为黄色玛瑙，平口，溜肩，假圈足，无盖，壶身为素面，腹部两侧浮雕兽面双铺耳。

在清代，玛瑙鼻烟壶深得蒙古族、满族等北方游牧民族的喜爱。由于北方人性格豪爽质朴，故而鼻烟壶形体较大，并以素面为多。

## 玛瑙鼻烟壶

年代　清代
质地　玛瑙
高 8.6 厘米　口径 2.8 厘米
底长 3.2 厘米　底宽 2.2 厘米

烟壶质地为黄色玛瑙，平口，溜肩，扁圆腹，假圈足，无盖，壶身为素面，有天然俏色。腹部两侧浮雕兽面双铺耳。

# 玛瑙雕龙烟壶

年代　清代

质地　玛瑙

高 6.2 厘米　口径 2.2 厘米

底长 3.1 厘米　底宽 1.4 厘米

烟壶质地为黄色玛瑙，平口，溜肩，圆腹，假圈足，铜镶孔雀石圆弧盖。在壶身正反面，匠人利用玛瑙的自然纹理和颜色的明暗变化，巧妙地雕出了一条张牙舞爪、气势雄健的龙。

龙是古人将鱼、鳄、蛇、猪、马、牛等动物，和云、雷电、虹等自然天象模糊集合而产生的一种神物。因此，龙常被称为『鳞族之长』『众兽之君』。从春秋战国时期始，宠龙尚虎，蔚然成风，成为百姓对现实与幻想的表达。

# 玛瑙鼻烟壶

年代　清代
质地　玛瑙
高 8.6 厘米　口径 2.6 厘米　底径 4.2 厘米

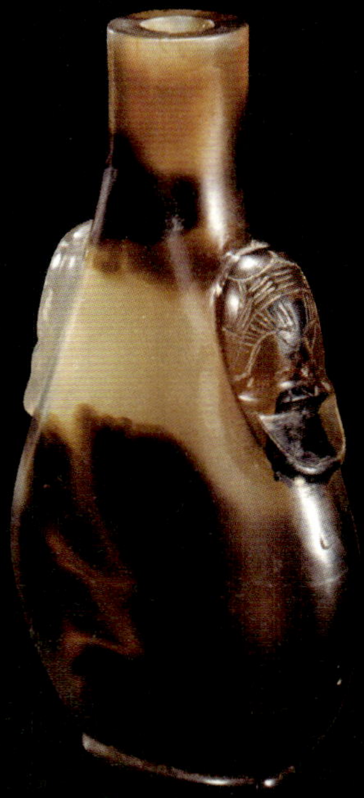

烟壶质地为褐色玛瑙，花瓶形，平口，假圈足，颈部两侧浮雕兽面双铺耳，壶身为素面。

玛瑙鼻烟壶造型多样，有扁圆形、圆形、筒形、四方形、多棱形等，此烟壶造型为花瓶，寓意生活如花，幸福美满，吉祥如意。

# 猛虎下山玛瑙鼻烟壶

年代　清代

质地　玛瑙

高6.0厘米　口径2.4厘米　底长3.7厘米　底宽1.2厘米

烟壶为天然玛瑙雕造，造型扁圆，直口短颈，下承浅圈足。壶身浮雕老虎，肌理清晰，呈扑跃状，张口怒吼，虎尾高扬，威风凛凛，老虎周围刻两只蝙蝠。虎为百兽之王，取谐音『百寿』，蝙蝠的『蝠』与『福』谐音，合起来就是『福寿双全』。

此烟壶材质洁净温润，颜色柔和，造型精巧，琢制高超，是玛瑙烟壶中的精品。

# 俏色鹰玛瑙鼻烟壶

年代　清代

质地　玛瑙

高5.2厘米　口径1.7厘米

底长2.9厘米　底宽1.3厘米

烟壶巧用玛瑙黑斑，随形琢一老鹰捉鸟。构图自然，巧夺天工，意趣盎然。

玛瑙鼻烟壶其实是汉族手工业制作技术与蒙古民俗相融合的产物。虽然清代蒙古族使用的玛瑙鼻烟壶大多是在中原地区生产的，但却打上了蒙古族的烙印，即崇尚用白材料，保持自然花纹，在鼻烟壶的肩部雕刻兽耳，多用金银镶边，以松石和珊瑚装饰等。

由于蒙古族在使用鼻烟壶过程中形成了自己特有的鼻烟壶文化，这种文化的形成，又大大地促进了鼻烟壶制作技术的发展和提高。

# 『一品当朝』玛瑙鼻烟壶

年代　清代

质地　玛瑙

通高5.6厘米　口径2.2厘米

底长3.1厘米　底宽2.0厘米

鼻烟壶

为玛瑙巧作。正面刻一身着袍服的官吏，其右手持笏板，左手上指象征皇帝的『日』字，『日』字下方为『一品当朝』四字。

『一品』是封建时代朝廷大臣的最高职位，清朝官职分九品，在官服上绣有代表官阶级别的补子图案，文官一品官服补子图案为仙鹤，武官一品官服补子图案为麒麟。所以在装饰图案中常用仙鹤或麒麟象征一品高官，用太阳象征皇帝。『一品当朝』即在朝廷中担任一品要职。

鼻烟壶是专门用来存放鼻烟的容器，为防止鼻烟走味，多做成扁圆状，宽腹小口。用时以拇指和食指蘸烟沫，按在鼻孔处，吸入鼻内。有的还在壶内附一根小细匙，壶口配置高档材料的顶盖。

## 兽耳玛瑙鼻烟壶

年代　清代

质地　玛瑙

通高 7.1 厘米　口径 0.4 厘米

底径 3.5 厘米

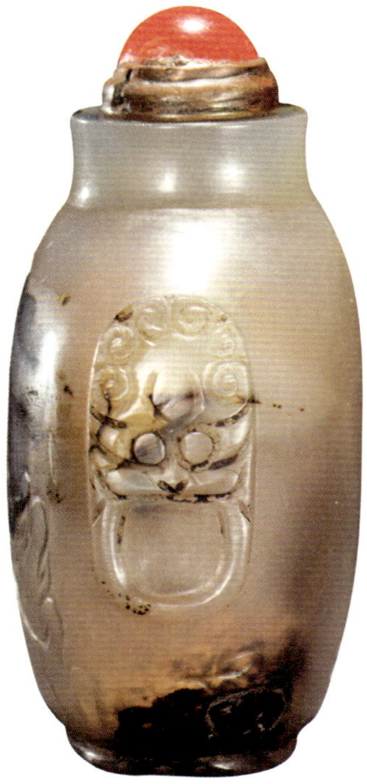

烟壶为黄白玛瑙雕造，有天然俏色。短颈。铜镶珊瑚圆弧盖。腹微鼓，左右两侧雕铺首，其中一侧兽耳为俏色。烟壶通体流畅、大方、浑厚、凝重。

蒙古族长期频繁迁徙的游牧生活，养成了把针线盒、火镰、腰刀等日常生活用具佩戴在身上作为装饰品的习惯，鼻烟壶就是其中之一。由于蒙古族长时间骑马，这就要求鼻烟壶必须坚固耐用，不怕摔碰，所以蒙古族使用的鼻烟壶多用金属、玉或者玛瑙制作。蒙古族在使用鼻烟壶时，除了其装饰作用外，还有祈福的作用，因此蒙古族又将鼻烟壶称为『福禄之玉桶』。

## 玛瑙鼻烟壶

年代 清代

质地 玛瑙

高6.9厘米 口径0.9厘米

腹宽6.7厘米 壶身厚4.3厘米

烟壶为黄玛瑙雕造，深膛薄壁。制作者利用材料天然纹理和色泽制成素面鼻烟壶，未加任何雕饰，突出了玛瑙本身的纹理美。

玛瑙是鼻烟壶制作常用的材料，颜色有黄、红、棕、黑等，其中黄褐色玛瑙使用较多，且不乏传世精品。黄褐色玛瑙常含有棕黑等各色杂质，适于巧雕，制作者往往将杂质或瑕疵部分巧妙地雕刻成人物或者花鸟，产生巧夺天工的妙趣。还有一种用玛瑙本身的『天然图案』制成的，即根据玛瑙材质内的多彩性黑色斑点，磨出自然图案或略做加工，随势取形，自然成景，或为山水、人物，或为草虫、动物等，比人工画成的更富韵味。

玛瑙鼻烟壶是蒙古男子喜爱的一种烟具，经常带在身上。朋友相见，交换鼻烟壶互嗅鼻烟是一种高贵的礼节，既可以表达人们爱好和平的心愿，也可以使素不相识的人很快建立起友好的兄弟关系。

# 四、翡翠烟壶

## 花鸟纹翠鼻烟壶

年代　清代

质地　翡翠

高 6.6 厘米　宽 4.9 厘米　口径 1.9 厘米

烟壶为翠质，清灵剔透，有玻璃光泽。扁圆腹，溜肩，平底。一面为鹭鸶栖枝浅浮雕纹饰，另一面为鹡鸰栖枝浅浮雕纹饰。鹭鸶与鹡鸰时入画，寓意『一路平安』。

翠为天然矿石，主要产于缅甸。由于翠鼻烟壶备受清朝皇家推崇，所以无论达官贵人还是普通百姓都争相收藏，足见翠鼻烟壶的魅力之大。

# 瓜形翠烟壶

年代　清代

质地　翡翠

高 4.2 厘米　宽 6.0 厘米

内径 0.5 厘米　底径 3.5 厘米

烟壶为翠玉琢制，呈绿色，银嵌珊瑚盖。壶身为西瓜形，圆腹上浮雕瓜叶、瓜蔓，腹下有底托。

翡翠又称『翡翠玉』，清初作为贡品传入中国。翡翠玉有绿、白、红、紫、黄等多种颜色，其中以绿色透明度高者为贵。绿、红、紫三色同在一件器物上称为福禄寿，十分珍贵。

# 五、料质烟壶

## 虎皮红料烟壶

年代　清代
质地　玻璃
高 7.5 厘米　底长 3.0 厘米
口径 2.0 厘米　底宽 2.0 厘米

烟壶质地为玻璃红料，色深红纯正，平唇，溜肩，扁圆腹，假圈足，无盖。此壶掏膛规整，修胎精致，是典型的仿雄黄料器烟壶。

雄黄，是一种天然矿石，橘红、黄色彩相间，显得艳丽、富贵。入药，有解毒驱邪之功效，但本身有毒。仿雄黄料，取其富丽堂皇的色彩、驱邪扶正的寓意和『黄』『皇』高贵的谐音内涵，是清代极为珍贵的宫廷御用官料。

# 料烟壶

年代　清代

质地　玻璃

高 11.4 厘米　口径 2.9 厘米

底长 4.2 厘米　底宽 2.3 厘米

烟壶质地为棕色料，平唇，溜肩，扁圆腹，假圈足，无盖。壶身为素面，腹部两侧雕有人面像。

料器即玻璃，透明，可清楚地看见壶里所盛的鼻烟。最初，料烟壶仅出于实用考虑，造型简单，不加雕琢。到清代康熙时，发展成为可供人们欣赏把玩的艺术品。于是，清宫内廷开始烧制诸如仿雄黄、玛瑙、琥珀、翡翠和羊脂白玉等天然矿石和宝石的官料鼻烟壶了，其质感可以乱真。

# 雕刻花鸟料鼻烟壶

年代　清代
质地　玻璃
高 7.2 厘米　口径 2.1 厘米
底长 3.1 厘米　底宽 2.2 厘米

烟壶质地为棕色料，平唇，溜肩，扁圆腹，假圈足，无盖。壶面雕刻荷花与小鸟，平添了烟壶的韵味。荷花，花中君子，象征着圣洁、清廉、吉祥、爱情和友情。荷花与鸟相配，寓意花开富贵，凤鸣吉祥。

料器鼻烟壶因其有不漏气、不受潮湿和可直接看到所盛鼻烟的分量、成色等优点，颇受官僚与平民的欢迎。另外，料器鼻烟壶能惟妙惟肖地模仿金星料、花料、雄黄料及各种宝石料等，从而达到了不以质地取胜，而以做工见长的境界。

# 龙虎纹料烟壶

年代　清代
质地　玻璃
高 5.7 厘米　口径 2.0 厘米
底长 3.0 厘米　底宽 2.0 厘米

烟壶质地为料，平唇，扁圆腹，假圈足，无盖。腹部浮雕虎龙纹，腹部两侧精雕兽面双铺耳。

# 橙黄色料烟壶

年代　清代

质地　玻璃

高6.1厘米　口径2.0厘米

底长3.6厘米　底宽2.5厘米

烟壶质地为橙黄色料，平口，溜肩，假圈足。无盖。壶身为素面。由于无雕琢，反而凸显出橙黄料的材质之美，色泽之美，给人一种洁净、通透、圆润、光滑的质感和既古典又时尚的美感。

# 白料烟壶

年代　清代

质地　玻璃

高 5.4 厘米　口径 1.7 厘米

烟壶质地为白色料，洁白无瑕，纯净温润。平口，溜肩，平底，素面。

料鼻烟壶有单色料、复色料和套料三大类。单色料可模仿各色水晶、宝石、白玉、黄玉、翡翠、琥珀、蜜蜡等。复色料是单色料上杂以一种或多种点、块、条状的其他颜色，可模仿各种花色的玛瑙、翡翠等。套料也称『套彩』，最多可套九色，是料器鼻烟壶最有名的工艺，其色彩绚丽，有凸雕效果，因此比较名贵。

# 内画料鼻烟壶

年代　民国
质地　玻璃
高 7.8 厘米　口径 2.1 厘米
底长 3.5 厘米　宽 4.0 厘米

烟壶质地为料，平口，溜肩，扁圆腹，假圈足，铜鎏金镶红珊瑚圆盖。烟壶正面绘松树、鹿、祥云和太阳等，背面绘站立和腾飞的仙鹤各一。松鹤，象征品格出众和延年益寿，奔跑的鹿预示着飞黄腾达，天上的太阳和祥云则是艳阳高照，万物呈祥的景象。

内画鼻烟壶是在透明或半透明的鼻烟壶内壁上，用特制的勾笔从鼻烟壶口伸入其中施以书画。内鼻烟壶常用的材料一般为料器（即透明玻璃）及水晶，也有少量玛瑙和琥珀。

# 内画料鼻烟壶

年代　清代

质地　玻璃

高 5.6 厘米　口径 1.5 厘米

底长 2.0 厘米　底宽 1.4 厘米

烟壶质地为料，平口，溜肩，扁圆腹，假圈足，无盖。烟壶内画山峰、树木、亭台等，山峰陡峭，树木苍翠，亭台矗立，呈现出一幅淡雅闲远、超凡脱俗的自然景象。上有题款『已未仲秋作』。此烟壶当是作者面对萧瑟的秋景，感怀而作。

传统山水画是旧时画家必修之作，鉴别内画鼻烟壶的优劣好坏，与鉴别书画类似，主要看的是意境、笔法、用墨、用色、落款，加上内画鼻烟壶的形状与画意、画面与鼻烟壶的大小比例是否协调等。

# 六、银质及宝石烟壶

## 银镶珊瑚鼻烟壶

年代　清代

质地　银

高5.2厘米　底径2.4厘米　口径2.0厘米

烟壶为纯银打制，银镶珊瑚盖，扁圆腹，腹部镶嵌有红珊瑚和绿松石。

金属工艺是蒙古族传统的民族工艺，金属工艺的繁荣，促进了蒙古族金属鼻烟壶的发展。清朝时期，银质鼻烟壶和银镶珊瑚、绿松石等宝石的鼻烟壶在蒙古族、藏族当中广泛使用。

# 银镶珊瑚鼻烟壶

年代　清代
质地　银
高 5.0 厘米　底长 2.6 厘米
底宽 1.2 厘米　口径 1.8 厘米

烟壶为纯银打制，扁圆腹，腹部錾刻一条龙，腹部两侧精雕兽面双铺耳，银镶珊瑚、绿松石盖，假圈足。

银镶宝石鼻烟壶是蒙古族传统工艺，也是蒙古人的挚爱。在草原放牧的蒙古族男人，身穿美丽的蒙古长袍，腰带上挂着大量的银首饰，这当中就有这种沉稳、闪亮和象征吉祥富贵的鼻烟壶。

# 绿松石烟壶

年代　清代
质地　绿松石
高 4.6 厘米　口径 1.4 厘米　底长 2.6 厘米　底宽 1.5 厘米

烟壶为整块松石雕琢，颜色鲜艳，造型圆润，壶身为素面，溜肩，扁圆腹，平底，铜鎏金镶红珊瑚圆盖。此壶为松石烟壶中的精品。

清代鼻烟壶多以松石做壶盖，而用松石做壶身者较少。松石又称绿松石和土耳其石，通常呈油脂状或蜡状，不透明。其色层甚多，以天蓝色为佳，淡蓝、月蓝、蓝绿、豆绿、淡绿色次之。